オランダ語学への誘い

河崎 靖 著

東京大学書林発行

endi thia ubilun farat thia for
gripanun mann anthea hetun hell
hriuuig muoda thia far uuarah
tun uuerof uuiti ant fahett ubil
endi lof ledit upp thanan herhe
ban cuning thiahluttrun thioda
An that langsama lioht thar ist
lif euuig gigeri uuid godes riki guo
dera thioda. **LIIII.**

PASSIO · DOMINI

So fran ik that them rin
con thuo riki drohtin umbi
thesaro uueroldes giuuand
uuordon calda huo thiu forth
farid than lang the sia firiobarn
ardon muotun gie huo siu anthem
endie scal tegidan endi tegan
gan Hie sagda oc is iungron thar
uuaron uuordon. huat giuurtun

「ヘーリアント」C写本（Taeger 1985）より

目　　次

はじめに ……………………………………………………………………… 1

第 1 章　文化誌的側面 ……………………………………………… 8

第 1 節　ゲルマン人とキリスト教 ……………………………………… 8

第 2 節　ベルギーの言語境界線
　　　　── ゲルマンとラテンの間で ── ……………………………… 19

第 2 章　言語史的側面 ……………………………………………… 37

第 1 節　フランク語とサクソン語
　　　　──フランク語・サクソン語・フリジア語の複合体としての
　　　　オランダ語 ── ……………………………………………… 37

第 2 節　中世オランダ語 ………………………………………………… 51

補章 ………………………………………………………………………… 101

蘭語・フリジア語・英語・ドイツ語 表現集 ………………………… 101

はじめに

　日本におけるオランダ語の研究の歴史は長い．広義の意味での「蘭学」とは，日本人がオランダ語を通して学んだ西洋の学問一般のことを指し，その端緒は江戸時代の『ハルマ』や『訳鍵』といった蘭日辞書の編纂にある．江戸時代に栄えた「蘭学」はいわば西欧への窓の役割を果たした．わずか4000坪の長崎の出島は日蘭貿易の拠点であったのみならず，日本にヨーロッパの思想や近代科学が流入する唯一の窓でもあった．医学をはじめとする西洋の学問がオランダ語を媒体として日本に取り入れられたのである．

　本書は，オランダ語を柱にして，近隣のゲルマン系諸言語をも視野に収め，ヨーロッパという文脈の中でオランダ語のもつ特性を浮かび上がらせることを目標とする（第1章）．小さな国の小さな言語でありながら，中世初期から今日まで我が国に小さからざる役割を果たしてきたこの言語の辿って来た通時的道筋を具体的なテキストを豊富に用い実証的に解き明かすことが本書の狙いである（第2章）．「オランダ語学」というタイトルのもとに，中世初期から今日のオランダ語の実相と併せ，オランダ語の中核を担っているフランク語の他にもサクソン語・フリジア語など少なからぬ役割を果たしてきたことばの諸相を示さんとする試みが本書の目的である．

　さて，本書が対象とするオランダ語の世界では，近年，方言（dialect）という用語を地域言語（streektaal）と置き換える傾向がある[1]．これは，方言という語のもつ社会的によくない印象がひとまず避けられ，さらに幅広く適用することが可能な術語を目指しているからである．すなわち，ごくわずかに地方色を帯びたような標準オランダ語を指し示すこともできれば，標準語からはかなり距離をおいたような地方言語までをカバーすることができるのである[2]．オランダ語とドイツ語の地域言語（streektaal）について例証すれば，例えばドイツ語ではPlatt（あるいはPlattdeutsch）と言えばNiederdeutschつまり北ドイツで話される低地独語という意味で，これは地域に関

---

[1] 方言の何たるかについての極めて詳細な定義は，J.Goossens (1972) の『オランダ方言学入門 (Inleiding tot de Nederlandse Dialectologie)』(11-30頁) を参照のこと．
[2] それどころか通常は独立した言語とみなされるフリジア語さえも指し示すことができるのである．

するニュートラルな名称であるのに対し，オランダ語ではこの語は社会的にいくらか好ましくない意味合いを帯びており，"Wat spreekt hij plat"「彼はとても plat に話す」と言うのは若干，軽蔑的である[3]．その他，オランダ語学に関わる諸問題を文化誌的側面から検討していくのが第1章の課題である．

オランダ語の諸相

　方言について言えば，日本語と同じように，国の中に大きな区分があり，およそ次のようにまとめられる．主としてオランダの西部地域においてフランク方言が話され，一方，フローニンゲン州・デゥレンテ州・オーバーエイセル州・フェリュエの東部・アウデ・エイセル以北のアハテルフック地方ではサクソン方言が拡がっていると言える．

例：「古い」：フランク方言 oud, サクソン方言 old,
「しばしば」：フランク方言 dikwijls, サクソン方言 vaak

　「さようなら」と言うにも，さまざまな言い回しのヴァリエーションがある．あらたまった場での標準語的な用法では Tot ziens.「さようなら」となるが，Doei.「じゃあ」や Houdoe.「じゃあ」などの口語表現が場面に応じて使い分けられる．Doei は元々は若い女性に使われていたが（こうした言葉遣いは社会方言（sociolect）と呼ばれる），今日では一般的に広く用いられている．一方，Houdoe の方は地域的に限定されており（南部のブラーバント州周辺），こちらの方は地域方言（dialect）と言っていいものである．

　次に，第2章のテーマであるオランダ語史を見据えるには，まず，今日オランダ語が話されている圏内に当時，居住していた古代ゲルマン系の部族（フランク人・フリジア人・サクソン人）の言語状況を検討することから始

---

[3] 英語・アフリカーンス語が使われる南アフリカでは，Dutch, Dutchman 両語は長い間，ケープ州のオランダ語/アフリカーンス語およびアフリカーナー（オランダ系白人）を指し示すのに，イギリス人によって使われる軽蔑的な用語であった．南アフリカで今日では，英語でオランダ語のことを言うのに，Nederlands あるいは (Hoog)hollands という語が用いられるのが普通である．オランダ人のことを言うにも，このようなネガティヴなニュアンスを避けるため，ほとんど常に Hollander を使う．

めなくてはならない[4]．フランク人について歴史で初めて言及されるのは紀元後256年のことで，この時，フランク人はローマ側が防備強化につとめていた境界線（limes）を乗り越えたのであった．ローマ帝国もフランク人が帝国内に居住するのを認めざるを得なかった．そもそも，フランク人の起源に関してははっきりしていない．フランク人という呼称も実質的にはゲルマン系諸部族（ハッティー人・サリー人・リプアリー人等）の総称にすぎないと言えるだろう（各部族についてはカエサルなど古典作家が言及している）．これら諸部族は平時にはそれぞれ独立し，似たことば・法律を用い生活していたと考えられる．さてフランク人の王カール・マルテルによって，当時，異教徒であったフリジア人（紀元後1世紀来，スヘルデ川・エムス川間の海岸沿いに住まい，海洋民族としてイングランド・スカンディナビアまで出向いている）がキリスト教に改宗することになる際，多大な協力をしたのはアングロ・サクソン人ウィリブロルト（Willibrord, 658-739年）およびボニファティウス（Bonifatius, 680-754年）であった．フリジア人の土地でキリスト教の布教が行われるとは，少なくともフランク人に関係するものは言わば征服に付随する形でなされていたと言ってよい．こうした宣教活動は後にサクソン人にまで拡張されることとなる．サクソン人（ことば・民族

---

[4] オランダ語は，英語やドイツ語と同じくゲルマン系の語派に属している．そのため次のようにこれらの言語と基礎語彙がかなりよく似ている．

蘭	英	独	
appel（アッペル）	apple（アップル）	Apfel（アップフェル）	「リンゴ」
tien（ティン）	ten（テン）	zehn（ツェーン）	「10」
kerk（ケルク）	church（チャーチ）	Kirche（キルヒェ）	「教会」
jaar（ヤール）	year（イヤー）	Jahr（ヤール）	「年」
zoeken（ズーケン）	seek（シーク）	suchen（ズーヘン）	「探す」

それでも，オランダ語の語彙が他言語から被っている影響は少なくない．主に英語やフランス語の語彙を取り込み，その多くの借用語がオランダ語には欠かせないものとなっている．今日，最も多く語彙を借用するのは英語からで，実際，単語にとどまらず，成句や諺にまで及んでおり，今やほとんど全く英語を話さないオランダ人（このような人はいよいよ少なくなってきている）の口にすらのぼるものとなっている．例えば，tram, flat, fifty-fifty, up to date などである．ただ逆に，オランダ語の語彙は隣接の言語（例えばドイツ語）と外見上よく似ているのに，意味の上で微妙な違いがあることもあって注意が必要である．例えば，蘭：*aardig*（アールダハ）「すてきな」－独：*artig*（アールティヒ）「行儀良い」，蘭：*aandacht*（アーンダハト）「注意」－独：*Andacht*（アンダハト）「敬虔さ」，蘭：*verzoeken*（フェルズーケン）「懇願する」－独：*versuchen*（フェアズーヘン）「試みる」などである．

—3—

の面から見て必ずしも統一的な部族ではなく，うち一部がブリテン諸島に渡った）の地（大陸に残ったサクソン人の土地）がフランク王国に合併されるのはカール大帝（768-814年）の治世において（とりわけ772-804年）であった[5]．

ところで，今日なお，フリジア語（オランダ北東部）がオランダ語の1方言なのか否かといった論争が行われることがあるが，少なくとも現在よりずっと，フリジア語圏が勢力を張っていたのは事実である[6]．現在，周辺の諸言語に圧せられる形のこのフリジア語は（その実体は確かに，よく言われるように英語によく似てはいるものの），オランダ語との類似性も次表の基礎的な語彙の対応に見られるようにかなりの程度であると言える[7]．

色彩語

日本語	英語	オランダ語	アフリカーンス語	フリジア語	ドイツ語
赤い	red	rood	rooi	read	rot
黒い	black	zwart	swart	swart	schwarz
白い	white	wit	wit	wyt	weiß
青い	blue	blauw	blou	blauw	blau
茶色の	brown	bruin	bruin	brún	braun
黄色い	yellow	geel	geel	giel	gelb
緑色の	green	groen	groen	grien	grün
灰色の	grey	grijs	grys	ĝriis	grau
オレンジ色の	orange	oranje	oranje	oranje	orange
ピンク色の	pink	roze	pink	rôze	rosa
ベージュの	beige	beige	beige	bêzje	beige

なお，現在の標準オランダ語は，バタビア共和国（Bataafse republiek）以来の中央集権によって発達したホラント（Holland）州の社会的上流階級のことばが1900年頃から標準語として認められるようになったものである．

---

[5] van Kerckvoorde（1993：134-135）
[6] 平林（2009：42-45）
[7] 本書の終わりに，フリジア語をオランダ語・英語・ドイツ語と対比する形で日常会話の表現集を付けた．こちらも参照いただきたい．

そもそもオランダ（語）の呼称に関して言うと，その国名は Holland あるいは Netherlands として知られているにもかかわらず，その国民名と言語名は Dutch という語で呼ばれることが普通である（この Dutch という語は Deutsch「ドイツ語」と同語源である）．12・13世紀以降ドイツは Deutschland という名で知られている．そして15・16世紀になると，英語の Dutch は，オランダ国内の諸方言を含んだ意味でのドイツ語のことを指すようになった．16世紀末にオランダが独立し，17世紀の大航海時代に入ると英国との接触が頻繁になり英語において Dutch という語は次第に意味が狭まっていき，単に，現在のホラント州を中心とするオランダ北部統一七州として知られる地域を指すようになったのである（厳密な意味での標準オランダ語は Algemeen Beschaafd Nederlands「一般教養オランダ語」と呼ばれ，ABN と略称される）[8]．オランダにおいて平均的なオランダ語の標準語（ABN）とみなされるのは，南北ホラント州およびユトレヒト州のことばと言うことができる[9]．

---

[8] オランダ語の主な使用地域は，オランダ本国（約1,450万）をはじめ，ベルギーの北部フランドル地方（約600万人）・フランス北東部（フランス・フランドル地方，約15万人）．また，かつてオランダの統治下にあったスリナム・オランダ領アンティルのリーウォード諸島（キュラソー島・アルーバ島，ボナイレー島）・インドネシアでも話されている．話者は全体で約2,400万人．なお，オランダ・ベルギー・リーウォード諸島で公用語となっている．

[9] 今日，学習者のみならずオランダ語話者をも悩ましているのが正書法改定である（2006年8月1日発効）．改訂の及ぶ範囲は広くはないものの，日常語の中にも影響を受ける語彙も少なくないことから，新綴りの導入に対し受け入れ拒否を表明するマスコミも出るなど，賛否両論が起こるのは予想されたこととはいえ大きな波紋を広げている．以前と比べ改訂された正書法の骨子はというと，主として①英語からの外来語の表記，②大文字・小文字の区分，③ハイフンの使用，に関わるものである．具体的にサンプルを用いて例証すれば，①の英語からの借用語について言えば，かつて 'on line, off line' と書いていたところが，'online, offline' という表記になるといったようなものである．また，②に当たる語としては，例えば「聖書・コーラン・ルネサンス」などがあります．これらは従来の表記法からすると，'bijbel', 'koran', 'Renaissance' となるわけであるが，新しい綴り方では 'de Bijbel, een bijbel', 'de Koran, een koran',（これら2語は定冠詞付きでは大文字書き，不定冠詞付きでは小文字書き）'renaissance' となる．③に関わるケースとしては，ハイフンを用いていた複合語 privé-auto「マイカー」を1語書きにする（privéauto）場合などが当てはまる．今回の改訂はオランダ・ベルギー・スリナム・アンティル諸島での言語使用に適よう編纂され，この正書法の改訂により，（オランダ語の綴りに関する指針を示す）Groene Boekje（「緑色の小冊子」の意，「オランダ語語彙リスト」いう副タイトルが付けられている）の収録語彙は95年版の11万語から10万2000語となり（削減1万4000語，追加約6000語），約1000語ものスペルが変更されると言われている．

オランダ語の発音

　よく言われるように，特にgの発音に気をつけよう（Goedemorgen「おはよう」，Graag gedaan「どういたしまして」，Goede reis!「楽しい旅行を」など）。音声学的には，母音が後続する場合は［ɣフ］，そうでない場合は［xフ］となるのが原則である．具体的には，［ɣフ］は英語の good「よい」のような破裂音ではなく口蓋の部分を摩擦させて発する音で，その際，声帯を震わせる有声の音である（例：geel［ヘール］「黄色の」）．一方，［xフ］の場合は［ɣフ］と調音のしかたは同じながら，この場合は声帯を震わせずに発音する無声音である（例：graag［フラーハ］「喜んで」）．もっとも，このg音はオランダでも北部の方ではかなり鋭い音として発せられ南部では穏やかな音に聞こえる印象がある．

　gの発音と並んで，オランダ語をそれらしく響かせるキーとなるのが二重母音をうまく発音できるかどうかである．実際に，オランダ語をオランダ語らしく話す決め手はどうやら二重母音を上手に発音できるか否かであるかと思われる．早速，実例にあたってみよう．

oe［u: ウー］：舌を高い位置で後方において発音される．
　　bo**e**k［ブーク］本，m**oe**［ムゥー］疲れた

ei, ij［ɛi エイ］：「エ」と「イ」を短く続けて発音する．
　　r**ei**zen［レイゼン］旅行する，kl**ei**n［クレイン］小さい
　　begr**ij**pen［ベフレイペン］理解する，pr**ij**s［プレイス］値段

au, ou［ɔu アウ］：軽い「オ」に続けて「ウ」と発声する音．
　　g**au**w［ハウ］すぐに，**au**to［アウトゥ］車
　　k**ou**d［カウトゥ］寒い，n**ou**［ナウ］今

eu［ø: エュー］：唇を円くして出す「エー」の音．
　　l**eu**k［レューク］素敵な，d**eu**r［デュール］ドア

はじめに

> ui [ʌy アイ]：舌の位置を前寄りにして唇を円めて出す音の後に「イ」音を続ける．
> 　　tuin [タイン] 庭, gebruiken [ヘブライケン] 使用する

　本書は，『低地諸国（オランダ・ベルギー）の言語事情』の出版でお世話になった大学書林の佐藤政人社長から再び御縁をいただき，同社取締役の佐藤歩武氏に大変お世話になりながら書き進めたものであります．前著に引き続きオランダ語関係の書でご厄介を願いました．ここに記して感謝の意を表します．なお，方言テキストの読解に関し，清水誠氏（北大）に御教示いただいたこと，併せて記し，謝意を示したいと思います．

第1章　文化誌的側面

第1節　　ゲルマン人とキリスト教

　紀元前1000年頃，ケルト人[10]がライン川を渡り，紀元前6世紀頃，現ベルギー地方に到来した．この地方を記す史料としては，カエサルの『ガリア戦記』が最古である．カエサルは，この地域のケルト人を総称してベルガエ族と呼んだ．ベルガエ族はゲルマン的要素を少なからず受け入れており，ゲルマン人との共通性がかなりある状態であったと考えられる．

- ケルト系諸部族：モリニ族，メナピイ族，ネルウィイ族，トレウェリ族，エブロネス族，アドゥアトゥキ族など．
- ゲルマン系諸部族：フリース族，カニネファート族，バタウイ族など．

ラ・テーヌ文化（スイス）

---

[10]当時，鉄器を使用し，火葬（土葬でなく）・骨壺を使用して埋葬するという習慣をもっていた．

第1章　文化誌的側面

　ケルト人はローマ帝国やゲルマン人（中央ヨーロッパ）に追われる形で大陸の西方へと移動し[11]，紀元前3世紀頃からアイルランド島へ渡った[12]．こうしてケルト人は鉄文化をアイルランドにもたらし，紀元後400年頃までには先住民（ピクト人）を支配統合してケルト社会を形成していたと考えられる．このケルトの土地アイルランドにキリスト教が入ることで，ケルトの民は文字と出会った（ただし，文字記録を多くは残さなかった）[13]．アイルラ

---

[11] ローマ帝国の侵略を免れたアイルランド島は今日でもケルト文化がアイデンティティーの証しとして息づいている．

[12] ヨーロッパに点在するケルト人の遺跡として有名なのが，ハルシュタット（オーストリア）とラ・テーヌ（スイス）である．ハルシュタットには古来から塩山があり塩の交易で栄えた．一方，スイスのヌーシャテル湖畔からは，紀元前500年ごろのケルトの遺跡が発見され，ラ・テーヌ（「浅瀬」の意）文化と呼ばれている．

[13] 下のようなアイルランドの天文学書（14世紀）がその1例である．

ンドにキリスト教を伝えた聖パトリックは，キリスト教を住民に押しつけるようなことはせず，土着の信仰と融合させる形でキリスト教を布教することに成功した[14]．ケルト・キリスト教は確かにいくらか異質である[15]．ケルト人の伝道者は，異教徒の未信者のもとへ神（キリスト）を運んで行って福音を語り伝道するという考え方をしない．つまり，ケルト・キリスト教では被造物に内在する神の存在を強調し，創造者なる神が自身で創造したものの内に住まっておられるという認識が一般的である．異教徒の未信者の中にも初めから神は住んでおられるわけで，異教徒を回心させようとするのではなく，未信者の内にすでにおられるキリストを当人に気付かせ信仰へと導くことがケルト・キリスト教の伝道の主眼点であった[16]．中世のケルト・キリスト教も，正統派カトリックが世俗社会の教化のために司教制度を重視するのに対

---

[14] ケルトの宗教はキリスト教によって払拭されたかのように見えて，キリスト教の中にケルト的な要素は少なからず見出される．

[15] ケルト人の宗教は自然崇拝の多神教であったため，日本の神仏融合のように，他民族の宗教文化に対して寛容だったと想像される．

[16] 使徒パウロのアテネでの伝道：「人々が熱心に追い求めて捜しさえすれば，神を見いだせるようにしてくださった．事実，神はわれわれひとりひとりから遠く離れておいでになるのではない．われわれは神のうちに生き，動き，存在しているからである．」（新約聖書「使徒行伝」17：27-28）に近い姿勢である．この点，太陽・炎などに生命を見るアニミズムの考え方に通底するものがある．今日の環境問題などに絡んでよく引用されることのあるアッシジ（次の写真）のフランチェスコ（1182-1126年，Francesco D'Assisi）はカトリックの聖人であるが，「小鳥が慕って近づいて来て彼のことばに耳を傾けた」というエピソードが物語るように，自然をこよなく愛した．まさに日本のアニミズムとも連なるところがあり，宗派を超えて慕われている．

第 1 章　文化誌的側面

フランチェスコ作「太陽の歌」（古イタリア語）

Altissimu onnipontente bon signore,
tue so le laude la gloria e l'honore et onne benedictione.
Ad te solo, altissimo, se konfano,
et nullu homo ene dignu te mentovare.
いと高き，全能なるよき主，賛美と，栄光と，誉れとすべての祝福はあなたのもの．
いと高き御方，これらすべてのものはあなたにのみ帰せられる．
いかなる人も，あなたをほめ歌うに価しない．

Laudato si, mi signore, cun tucte le tue creature,
spetialmente messor lo frate sole,
lo qual'è iorno, et allumini noi per loi.
Et ellu è bellu e radiante cun grande splendore,
de te, altissimo, porta significatione.
たたえられよ，わが主，あなたのすべての被造物
特に兄弟なる太陽によって．
太陽は大空をめぐり，われらを照らす．
太陽は美しく，大いなる輝きで光を放つ．
いと高き御方，太陽はあなたを表わし示す．

Laudato si, mi signore, per sora luna e le stelle,
in celu l'àI formate clarite et pretiose et belle.
たたえられよ，わが主，姉妹なる月と星によって．
あなたはそれらを明るく，尊く美しく天に造られた．

Laudato si, mi signore, per frate vento,
et per aere et nubilo et sereno et onne tempo,
per lo quale a le tue creature dai sustentamento.
たたえられよ，わが主，兄弟なる風と空気と，雲と青空と
あらゆる天候によって．
あなたはそれらを通してすべての被造物を養い保たれる．

Laudato si, mi signore, per sor aqua,
la quale è multo utile et humile et pretiosa et casta.
たたえられよ，わが主，姉妹なる水によって．
水はまことに有益で謙遜で，尊く清らか．

Laudato si, mi signore, per frate focu,
per lo quale enn'allumini la nocte,
ed ello è bello et iocundo et robustoso et forte.
たたえられよ，わが主，兄弟なる火によって．
あなたは火によって夜を照らされる．
火は美しく喜ばしく力があり，強い．

Laudato si, mi signore, per sora nostra matre terra,
la quale ne sustenta et governa,
et produce diversi fructi con coloriti flori et herba.
たたえられよ，わが主，われらの姉妹，母なる大地によって．
大地はわれらを支え，はぐくみ色とりどりの花を咲かせ，
草を生い茂らせ数々の実を結ばせる．

Laudato si, mi signore, per quelli ke persondano per lo tuo amore,
et sostengo infirmitate et tribulatione.
Beati quelli ke 'l sosterrano in pace,
ka da te, altissimo, sirano incoronati.
たたえられよ，わが主，あなたの愛のために人をゆるし

第 1 章　文化誌的側面

病気や困難を耐え忍ぶ人によって．
平和な心で耐え忍ぶ人は幸い．
いと高き御方，彼らはあなたから栄冠を受ける．

Laudato si, mi signore, per sora nostra morte corporale,
da la quale nullu homo vivente pò skappare.
Guai acquelli, ke morrano ne le peccata mortali:
beati quelli ke trovarà ne le tue sanctissime
たたえられよ，わが主，姉妹なる死，肉体の死によって．
生きているいかなる人も死から逃れることはできない．
死に価する罪の中で，死ぬ人は災い．
あなたのいとも聖なるみ旨を体して死を迎える人は幸い．
第二の死は決して，彼らを害することはない．

voluntati,
ka la morte secunda nol farrà male.
Laudate et benedicete mi signore,
et rengraiate et serviateli cun grande humilitate.
わが主をほめよ
たたえよ，感謝せよ．
大いなる謙遜の心で，主に仕えよ

小鳥に説教をするフランチェスコ

し，司教よりもむしろ修道院が教化に当たることを選好した[17]．またケルト教会は下図のようにケルト石造十字架をシンボルとして用いていた[18]．

　ともかくも熱心なキリスト教徒となったアイルランド人は今度は逆に大陸に向けて布教活動を行うようになる[19]．同じく島国のアングロ・サクソン人（イギリス）が大陸のフリジア人に宣教し始めたのは，678年のことである．アングロ・サクソン人のフリジア伝道はことばの面からも理に適ってはいた．と言うのも，英語とフリジア語は両方ともゲルマン語のイングヴェオーネン語（Ingwaeonic）に属するという言語の類似性からしても，宣教師たちはフリジア語を習うのにあまり苦労しなかった，あるいは当時は相互にか

石の十字架

---

[17]教義面でもイースター（復活祭）の日の数え方が違うなど，カトリックとは若干の差異がある．
[18]アイルランドでは一人の殉教者も出さずに改宗がすすめられたのが特徴の1つである．
[19]ケルト教会からは聖徒と呼ばれるクリスチャンが多く輩出されている．その人間性・豊かに恵まれた信仰と賜物によるものである（「第1コリント」1：1-9参照）．

第 1 章　文化誌的側面

なり理解し合えたであろうことが考えられるからである[20].

フリジア人の土地でのキリスト教の布教に関して，フランク人によるものは言わば征服に付随する形で行われた．カール・マルテル（フランク王）の要請に応じて，ウィリブロルト（Willibrord，アングロ・サクソン人）・ボニファティウス，（Bonifatius，アングロ・サクソン人）・リウドガー（Liudger，フリジア人，イギリスのヨークで教育を受けた）たちが行った宣教活動は後にサクソン人にまで拡張されることとなった．

ロウワース川までのフリースラントの改宗はボニファティウスがなしとげた．彼はこの布教の仕事を716年にオランダで始め（しばらくドイツに渡りマインツの司教を経て）晩年はオランダに戻りフリジア人伝道を続け，754年この地で殉教したのである．ロウワース川以東のフリースラント（すなわち今日のフローニンゲン地方と北ドイツ）の制圧・改宗は，カール大帝の対サクソン戦役の一部をなしている．カール大帝の治世（768-814年），ロウワース川とエイセル川はオランダにおけるフランク帝国の境界線になっていた．つまり，この国境線の向こうには，サクソン人が住んでいた[21]．カール大帝のサクソン戦役の時には，彼の国土拡張のための最後の聖戦の戦場，すなわち低地サクソン地方の南西地域はすべてウィリブロルト（Willibrord）

---

[20]新しい宗教であるキリスト教と旧来の土着の宗教との関係は明らかではない．先住民（例：ケルト人）のドルイドのような自然宗教的なものであったかもしれない．そもそも日本の場合ですら古来の宗教についてはよくわかっていない．仏教やキリスト教と違って日本で生まれた唯一の宗教は神道であるけれども，はるか古代に自然発生的に生まれたがゆえに教義というものがない．この点は釈迦やキリストのように創始者がいる宗教とはまるで異なっている．そのため，飛鳥・奈良時代に中国・朝鮮半島から仏教や儒教が入ってくると神道はいとも簡単にそれらに取り込まれてしまった．平安仏教が，神道の神々は仏教の諸仏の生まれ変わりであるという本地垂迹説を唱えてそれを完成させると，教義のない神道はなすすべがなかった．確かに，儀礼的な要素，例えば二拝二拍手一拝という拝礼法や榊を献じる儀礼もあるにはあるが，これらとても，明治になって当時の式部寮が神社祭式という通達を出して定めたものである．また，祖霊信仰を強調するのも近代以降のことで，仏教の祖霊信仰と同じく，儒教の祖先崇拝思想を合理化したものである．このように，飛鳥・奈良時代以前の，仏教や儒教に影響される前の神道のことは文献のない時代のことだからあまり明らかにされていない（折口信夫『民族史観における他界観念』参照）．実際，日本人のもともとの宗教観についてさえほとんどわかっていないのである．

[21]サクソン人はフランク人が国境城壁を超えてベルギーやガリアに移った結果，空になったオランダ東部地方を引き継いだのであろう．

とボニファティウス（Bonifatius）によってキリスト教に改宗されていた．サクソン人は絶えず反乱を起こしたが，785年ついにサクソン人の王ヴィドゥキント（Widukind）は決定的に敗れ改宗を強いられることとなった．このようにしてエルベ川までの北ドイツはフランク人の支配下におかれた．そしてサクソン人を改宗させるため，フリジア人宣教師リウドガー（Liudger）がこのサクソンの地に任ぜられたのであった[22]．

今日のオランダの地に当時，教会・修道院が設立され，キリスト教文化が花開いたことは，十分に予想される．しかしながら，200年近くも（約800-1000年）異教のバイキングによって，海岸沿いから運河・水路を通って建物を荒らされ物品を略奪された歴史のために，自国語による文字文化が残念ながらほとんど残っていない．本来なら，学問資料・賛美歌や祈祷文などが低地フランク語で書き記されていた可能性があり得るはずである[23]．

―<エッセイ> 宗像（むなかた）（福岡県）―大陸文化受け入れの窓口として―

ヨーロッパでは，大陸からの布教の結果，熱心なキリスト教徒となったアイルランド人はその後，大陸に向けて布教活動を行うようになった．また，もともとはドイツ北部のゲルマン系の一部族であったアングロ人およびサクソン人がブリテン島に渡り，今日のイギリスの母体を築き，今度は逆に島国のアングロ・サクソン人が大陸に住むフリジア人に宣教を始めることとなった．宗教伝道を含め文化交流のいきさつを知る上で興味深いできごとである．イギリスと同じく島国の日本についても，大陸との文化交流という意味でいくらか似た現象が見出される．

平安京の都のつくりからすると鄙にあたるであろう京都の西方に松尾大社がある．この地を開墾した秦氏の秦忌寸都理（はたのいみきつり）がこの神社を祀ったとされているが，松尾山の上の磐座（いわくら）に鎮座したもう大山咋神（おおやまくいのかみ）は日吉

---

[22] トゥールのグレゴリウス『歴史』第四巻(10)に次のような記述がある：「その年（555年）にサクソン人が反乱を起こしたので（彼らには貢納の義務があった），クロタール王は彼らに対して軍隊を出動させ，彼らの大部分を滅ぼした．そして，チューリンゲン人がサクソン人に援助を与えたので，チューリンゲンの全地域に進軍し荒らした」．

[23] Donaldson (1999) 第10章：「ラテン語が圧倒的優位で，数の上でも多くはなかったにせよ」．

の山（比叡山）に祀られる神と同一神で[24]，この神は縄文時代以来の土着の神である．併せて同じくこの神社に合祀されているのが市杵島姫命という神で，こちらは九州の宗像神社に祀られている三女神の一神で，はるか遠い海の彼方，海外からやってきた弥生民族の神である．このように，松尾大社は縄文の神と弥生の神が合体した神を祀る神社なのである[25]．

さて，『古事記』・『日本書紀』が書かれた時代（8世紀）は，大和朝廷と，出雲・宗像の人びととの結束が極めて強く，親しく協力関係を築いていた時期であった[26]．すなわち，国の政治全体を統治するその中心となる朝廷が，その祭神である天照大御神を祭る一団（伊勢），大国主命をまつる出雲族系の人びと，および，朝鮮半島の政治ないし海外との交流に大きな力を発揮する海上交通の担い手であった宗像一族というように，3系統の民たちと協調している姿が最も顕著であった頃であった．「記紀」の成立の以前から，筑紫から玄界灘・日本海を経て朝鮮半島や大陸に至る海上の通路は，当時の大和朝廷にとって生命線とも言える大切な要路である．この要路の安全を見守るために，宗像の地に鎮まれる宗像三女神は[27]，この地に先住する宗像一族にとってばかりではなく，朝廷にとっても非常に大切な神々であった．それゆえに，宗像三女神は『日本書紀』の中でも特別な記述のされ方をしている[28]．また，神風のために歴史に名高い「文永の役」・「弘安の役」の際も，玄界灘の守り神である宗像大社が敵国降伏の祈祷を捧げたのであった．多勢に無勢，必死に神に祈る以外に道が

---

[24] また賀茂の神とも関係があるとされている．
[25] 伏見稲荷大社（京都）も縄文の神と弥生の神が合祀されている．現在，上社に祀られている大宮能売大神，および，下社に祀られている宇迦之御魂大神は弥生の神であるが，中社の佐田彦大神は縄文の神である．
[26] 天武天皇と宗像大社には深いつながりがある．壬申の乱とその後の時代，天武天皇を助け，太政大臣として活躍した高市皇子は，実は天武天皇の実子であったが，母方にも皇族とのつながりが求められたため皇位にはつかなかった．この高市皇子の母は，宗像氏の祖，胸形君徳善の娘，尼子娘であった．
[27] 三柱の姉妹神とは，田心姫神（沖ノ島）・湍津姫神（筑前大島）・市杵島姫神（宗像市田島，＜エッセイ＞の第二段落内）のことである．この三柱の姫神を総称して宗像三女神と呼ぶ．
[28] 「貴」という称号（最高神なる神の意味）が付けられている．

ない状況だったのである．このように，古来，玄界灘は日本と朝鮮半島を結ぶ交通の要所であった．「記紀」によっても，宗像の三女神は，日本文化と海外文化交流の要衝であるこの地にあって，歴代の皇室を守るよう天照大御神の神勅を受けて宗像の地に降臨したことがわかる．

第2節　ベルギーの言語境界線
　　　　―ゲルマンとラテンの間で―

　かつてフランク王クローヴィス（Clovis）がフランク王国を築いた折（486年），彼によって併合されたのはフランク系の諸部族だけではなかった．実は，ガリア系のロマンス諸語を話す人たちも多く含まれていたのであった．これより後，いわばこの王国には，ゲルマン系言語を話す人たちとロマンス系言語を話す人たちが混在する状況が続くことになった．こうして，ガリア北部では部分的にゲルマン語が徐々に衰退し始める．つまり，当地ではロマンス系話者がフランク人を数の上で圧倒していたからである．この地より若干，北の地方では今日で言うオランダ語諸方言（ゲルマン系）が維持されていた．9世紀頃，こうした歴史的経緯から，ロマンス系の言語共同体とゲルマン系の言語共同体が，その間に言わば緩衝地帯（bilingual belt）をおくような形で合い並ぶこととなる．続く2世紀くらいの間（9世紀～11世紀）に，今日の言語境界線につながる線的な（linear）言語境界が次第に姿を浮かび上がらせる．これは，両言語使用域（bilingual area）内のお互いの言語共同体が社会的に統合されていったプロセスの反映と見ることができよう．このようにして，ゲルマンとローマの言語境界線が形作られていったのである[29]．

　この言語境界線は，今で言うと，およそライン川下流，その河川域から少しばかり西に入ったところ，今のベルギー王国を東西に横断する言語境界線に一致する[30]．もともと，現在のベルギーの地域はラテン化したケルト人の居住地であったが，ローマ帝国末期から10世紀までの間に北部や東部からゲルマン人が移住し，西フランドル州ムースクロン（Mouscron）からリエージュ州ラネー（Lanaye）まで，ほぼ東西に延びる言語境界線は，それ以来ほとんど変わることなく続いている[31]．紀元3世紀以降，ゲルマン民族の大

---

[29] van Kerckvoorde（1993：149）
[30] ベルギーにおける言語境界線とは，1962/63年の法律で定められた公用語の境界のことで，境界線より北ではオランダ語（フランドル語）が公用語であり，境界線より南ではフランス語が公用語である．普通，ベルギーにおいて「言語紛争」という場合，この言語境界線を挟んで，フランドル語系のフランドル人と，フランス語系のワロン人とが言語的・政治的に対立することを指す．
[31] 1993年来，ベルギーはゲルマン系のフランドル人とラテン系のワロン人の2つの民族からなる連邦国家（複合民族国家）である．

移動期にフランク族がライン川を越えて西側へ進入すると，ローマは国境を放棄し，現在のドイツのケルンとフランスのブーローニュを結ぶ軍用道路まで後退した．この時の境界線が2つの言語圏を区切る線として今日まで残っている．以来，およそ1500年間，山や川といった自然の境界線が特にあるわけではなく，人々の往来や文化の交流が頻繁にあったヨーロッパの十字路というべき地にありながらこの境界線は現在まで存続しているのである[32]．

このゲルマンとラテンの間に位置するベルギーにおいて，長い歴史の流れの中で言えば比較的新しい時代に言語紛争が引き起こされたと言える．この国ほど，政治的・行政的権限の分権化が言語に基づいて行われたケースは珍しいのではないかと思われる．すなわち，言ってみれば，ベルギーでは，使用言語が，オランダ語か，フランス語か，蘭・仏二言語か，もしくはドイツ語かという言語区分に応じて，法律上，文化共同体としてはオランダ語・フランス語・ドイツ語に，また，行政地域としては，フランドル・ワロン・ブリュッセルに分類されるのである[33]．

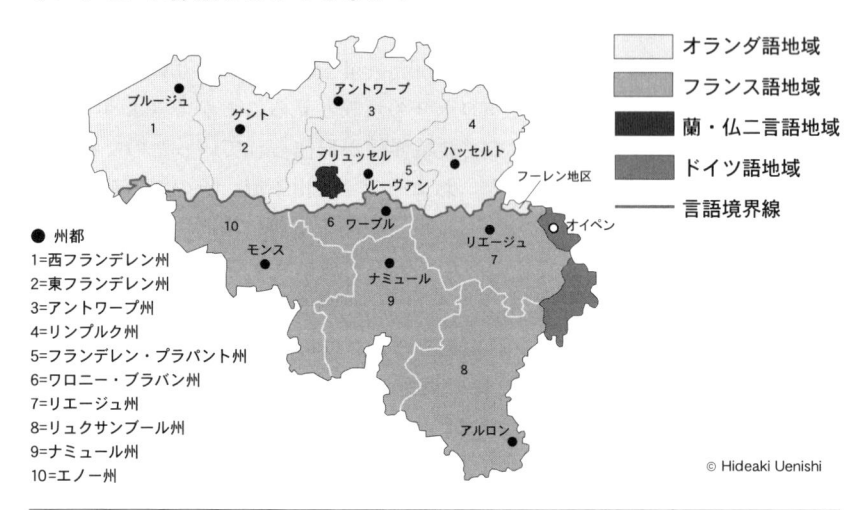

凡例：
オランダ語地域
フランス語地域
蘭・仏二言語地域
ドイツ語地域
言語境界線

● 州都
1=西フランデレン州
2=東フランデレン州
3=アントワープ州
4=リンブルク州
5=フランデレン・ブラバント州
6=ワロニー・ブラバン州
7=リエージュ州
8=リュクサンブール州
9=ナミュール州
10=エノー州

© Hideaki Uenishi

---

[32] 地名学（Toponymie）からしてゲルマン語が後世に（＝9世紀以降）獲得したのは特にアルプス地方の諸地域である．逆に，フランドルからアルトワ（フランス北部）地方にかけて，またアルザス・ロレーヌ地方ではゲルマン語が後退した．
[33] こうした分権化の象徴的な例として，ルーヴァン大学の分割がある．フランドルの地にあるこの伝統ある大学は，結局，ワロン地域にもう一つ，新ルーヴァン大学（Leuven la Neuve）を設けることによってその解決を図った．

第1章　文化誌的側面

　ベルギーの言語紛争は，世界各地で起こっている言語にまつわる争いの中でもかなり普遍性のある典型的な事例と言えるかもしれない．ベルギーは主にゲルマン系のフランドル人（北部）とラテン系のワロン人（南部）の2つの民族からなる複合民族国家である（一部，東部にドイツ語話者が居住するドイツ語圏がある）．民族的に北部のフランドル人はオランダ人と同じく低地フランク人で，もともと現在のベルギーの地域はラテン化しケルト人の居住地だった．そのうちの北部のフランドル語とは，ベルギー王国の北部で話されている，いわゆるオランダ語の通称名なのである．こうした背景から，ベルギーではオランダ語が南部のフランス語と並んで公用語なわけで，この二つの公用語の存在により，事実，北部ゲルマン系のフランドル人と南部ラテン系のワロン人の間で言語的対立が必然化している[34]．ベルギーは文化的伝統においては長い歴史を有するが，実際，独立国家としては1831年以降の歴史しかないのである．時にベルギーが言語紛争に明け暮れる平和な国と言われるのも，EUというヨーロッパ統合に向けて2つの異なる民族が対立しながらも共に国を守ろうという理念に支えられ，EUの中心として言語紛争に見られる民族対立をヨーロッパ世界というより大きなコンテキストの中で解決を図ろうとするベルギー人の姿勢によるものと言えよう[35]．

　フランス語を話す，南部のWalen「ワロン人」の名は，Volcaeという西暦紀元の初めの頃，ヨーロッパのさまざまな地域に住んでいたケルト人の一部族の名に由来している．ゲルマン諸部族はWaals(ch)（独語 Welsch<Wallisc）という名を，初めはケルト人を指すために使っていたが，やがてガリア人がローマ化したあとは，ロマンス語を話す諸部族の名称になった．言語に関する用法としては，Waalsという語は「理解できないもの」，すなわちフランス語のことであった．オランダ語のkoeterwaals，ドイツ語のKauder-

---

[34] ベルギー国王は国家統一の象徴的役割を果たすことになる．もし国王がいなければ，ベルギーという国はすでに2つの国に分裂しているだろうという声もあるほどである．現実的に国王の職務として，会見・演説・署名など多方面に渡り，その影響力はかなり強いと言う．
[35] 言語と宗教の関係で各地域をまとめると次のようになる．
　　<オランダ>　　　言語：オランダ語　　宗教：プロテスタント
　　<フランドル>　　言語：オランダ語　　宗教：カトリック
　　<ワロン>　　　　言語：フランス語　　宗教：カトリック

welschという語にも入っている．歴史を繙けば，Belgiumという語にもケルト人の一部族の名が見出される．かつて，ローマ人はBelgaeという部族がオランダ南部に住んでいるのを発見したのであった．人文主義時代，このBelgiumという語は，オランダ全域を指すのに用いられていたが，1830年にオランダの南の，オランダ語とフランス語が使われる地域に新しく誕生した王国のために名前が必要となった時に復活したのである[36]．現在のベルギーを南北に二分する境界線はいかなる地理的・政治的境界画定とも一致していない．この分割の原因を突き止めるためには，ローマのゲルマン征服以後の（同時にそれ以前の）ゲルマン語を母語として話す言語集団の分布密度を検証する必要がある．

さて，紀元前の時代には，現在のベルギーの地域（ガリア地方の北部）ではケルト系の言語が話されていた．B.C.50年頃，カエサルによりこの地域がローマ帝国の属州になり，その属州の名前として，（上述のように）ケルト系のベルガエ人（Belgica）に因んで「ベルギー」の名前が生まれた．当初ゲルマン系のフランク人たちは，現在のベルギー北部からオランダにかけての地域（ライン川・ミューズ川の河口付近など）に定住し，ここを拠点に南へ勢力を拡大した[37]．こうしてゲルマン系のフランク人がラテン語と接触

[36]ロマンス語（ラテン口語＝フランス語，イタリア語，スペイン語，ポルトガル語）圏のうち約12％がゲルマン語圏に移行（ライン川西岸を越えて，ドナウ川南部へと進む）．

[37]Donaldson (1999：141-2)：「フランク族が他のゲルマン語系民族の中では比較的遅れて歴史に登場し，481年にフランク王クローヴィス（Clovis，ルイLouisの名の起源）が即位するまでのフランク族の素性は実はあまり知られていない（首都＝パリ）．ゲルマン人は5世紀末まで政治組織をもつ社会にはなっていなかった．トゥーバント（Tubantes）は東オランダ，カニネファート族（Caninnefates）はホランド地方の南北に，バタビア族（Batavians）はオランダ中部にというようにローマ人がわれわれに伝えるこれらのゲルマン民族は，ローマ人が紀元前55年前後これらの地域に到着した頃には，このあたりを占領しつつあった．クローヴィスはゲルマン諸王のうち最も早く異教を棄ててキリスト教に改宗し，フランク族とローマ人およびガロ・ローマ人（＝ローマ化したガリア人）との融合をはかろうとした．彼は508年，東ローマ皇帝アナスタシウスから執政官（consul）と功労貴族（patricius）の称号を受けている．ローマ領のガリア地方に勢力を拡大する以前のフランク族の故地は，おそらくはケルンとクサンテン間のライン川の中，下流あたりであっただろう．ひょっとすると北方のライン川とエイセル川との間のオランダ西部に勢力を伸ばしていた可能性もある．ライン川とムース川河口もその当時彼らの手のうちにあったのかもしれないし，あるいはそこは，フリジア族の支配地であったかもしれない」．

第1章　文化誌的側面

することになる．395年，ローマ帝国が東西に分裂．この頃から，ガリアを含む西ローマ帝国はフランク人（ゲルマン系）などの異民族の侵入を受け，476年に西ローマ帝国は滅亡する．フランク人が現在のベルギー・フランス地域を制圧し，次第に，現在のフランドル語に当たる言語がこの地域で形成されていった．また，ローマ人兵士の話していた口語のラテン語（すなわち，俗ラテン語）がこの地にもたらされ，後に，この俗ラテン語からさまざまな方言（現在のロマンス諸言語）が派生することになる[38]．ゲルマン民族の大移動（4世紀頃）の時期に，いわば「ラテン化したフランク人：ラテン化しなかったフランク人」という図式が出来上がることになった．つまり，4～5世紀から，北に残ったフランク人（ベルギー北部・オランダ南部）と，南進したフランク人（ベルギー南部・フランス）の間で，大きな言語的隔たりが出来たのである．南進したフランク人は，ローマ帝国の文化・宗教（キリスト教）・言語（ラテン語および俗ラテン語）を受け入れていったのであった[39]．

こうして，ことばの「地層」として，言語の面で以下に示すようなことばの層が築かれることとなった[40]．

基層（substratum）
  1. 前印欧語（pré-indo-européen）：Alpes, Alba, Cala, Chelles, Garonne
  2. 前ケルト語（pré-celtique）：Huesca, Flayosc, Moirans, Cimiez（リグリア語起源），Ili-berri（「新しい町」；

---

[38] 俗ラテン語の細分化が始まる．現在のフランスでは，その中のフランシア方言が優位になり，現在のフランス語へとつながっている．
[39] フランク族は文字の文化をもっていなかったため，数世紀の間，事実上はゲルマン人が西暦500年頃から徐々にキリスト教に改宗するまで，フランク族に関する情報を得ることができるのは専らローマ側の史料による．フランク族の日常語，すなわちフランク語で書かれたテキストは存在しなかった．実際，文献と言えるゲルマン語で書かれたテキストが多く書かれたのは，カロリング朝時代においてだけだった（いわゆるカロリング朝ルネサンス）と考えられる．いずれにせよ，フランク族は，高度な文明をもつガリア，ローマ民族のすぐ近くに何世紀にもわたって住み続け，その間に双方の世界を統合したような文化を発展させた．すなわち，フランク族はローマ文化の影響を大きく受けながら，ガリアの地にフランク文化と呼んでいい独特の文化を発展させたのであった．
[40] Rostaing (⁷1969) の地名学（Toponymie）による．

イベリア語起源),Nice(「勝利の(町)」;ギリシア語起源)

3. ガリア語(gaulois):-briga「山」(印欧祖語 *bhergh-「丘」,独:Berg)
　　　　Vandoeuvre＜Vindo-briga「白い砦」
　　　　Segorbe＜Sego-briga「勝利の山」
　　　　-dûnum「丘,砦」(英:town,独:Zaun)
　　　　Nyon＜Novio-dûnum「新しい丘」
　　　　Verdun＜Viro-dûnum「真の丘」

上層(superstratum)

4. ロマンス語(roman):領主名＋-acum,-iacum より
　　　　Auriac＜Aureliacum(＜Aurelius)
　　　　Savigny, Sévigny＜Sabiniacum(＜Sabinius)
5. ゲルマン語(germanique):Dieppe「(水が深い)港町」,Normandie「北欧人の地」,Neuchâtel「新しい城(言語財:仏語,しかしながら語順はゲルマン語式)」

　もともと言語紛争というのは,政治史的にワロン地域よりの政策立案が多かったため,フランドル語地域からのフランス語地域に対する権利獲得闘争として発展してきたものである.経済格差について論じるならば,ベルギー王国成立当時(1830年代)行政文書・外交文書等,国の決定権に関わる文書はすべてフランス語で書かれていた.フランドル人においても,フランス語を使用する特権階級は,フランドル語を退ける傾向があったほどである[41].また,ワロン地域にある地下資源(石炭)により,19世紀の経済の中心はワロン地域にあった.ベルギーの言語圏というのはなんとなく出来上がった曖昧なものでは決してなく,非常に歴史的な背景のあるもので(これに基づき現在の連邦制の行政区画がある),国民の帰属意識は国よりもむしろ地域

---

[41] フェルローイ(Verlooy, J.B.C.)は次のように述べている:「低地ドイツ語(＝オランダ語)は,我々の地では,とりわけブリュッセルにおいて事態は全く異なり虐げられている.この言語はこの町では軽視されているのみならず,さげすまれている」(柴崎(2003:63)による).
[42] 今日ではIT産業やその他第三次産業を中心とするフランドル地方が経済的にも国の牽引役となっている.

第 1 章 文化誌的側面

にある[42]．言語境界線確定法が施行された 1963 年 9 月 1 日以後，言語境界線をめぐる紛争は確かに著しく減少したと言えよう．しかし，その後も紛争が続いている地域もあり，特にフーレン地区においては自治体政府の言語境界線確定法を無視したり，リエージュ出身の政治家たちによる帰属再変更へのさまざまな働きかけが見られたりする[43]．現在，フーレン地区騒動は小康状態にはあるが，急進的フランデレン民族主義者による示威行為が今も折に触れこの地域で展開されることがあり，言語紛争の火種が完全に消え去ったわけではない．

　フランドル地方・ワロン地方が，こうしたゲルマン・ラテンの間の過度的地域になったのには，その背景にある歴史的事情による点も見逃せない．このフランドル地方・ワロン地方は，スペイン・オーストリア・フランスなどさまざなな国の支配下におかれた経緯がある．16 世紀初め頃，オランダ・ベルギーを含めた現在の国境線に近い形が出来たのであるが，その全体を支配していたのは当時のハプスブルク家のスペインであった[44]．1815 年オランダが現在のベルギーを支配下におき，オランダ語を強要した．これに対し，ワロン地方・フランドルのフランス語話者（つまり当時の支配者階層）からの反発が起こり，またオランダ語の浸透がプロテスタントの浸透につながるとしてカトリック教会が危機感を募らせた．こうしてベルギーがオランダから独立しようとの政治運動が始まり，こうして 1830 年，ベルギーがオランダより独立することとなった[45]．ベルギーは独立直後からフランドル語地域から権利を獲得しようとし，例えば独立当初，公用語はフランス語のみであった．言語紛争に関係する 19 世紀後半の事例を，時系列に即してまとめれば，1873 年，司法の場で，フランドル語の使用が認められた（ブリュッセルを

---

[43]実際にフーレン問題をめぐる内閣崩壊は 1 度や 2 度ではなかった．とりわけ，アッパール問題はその象徴である．1982 年にフーレン市長に任命されたアッパールは市長職をフランス語のみで遂行したことから，言語法違反との裁定を国務院より下され，市長を解任された．しかし，フーレン議会はアッパールを助役に任命し，事実上市長職を遂行させ続けた．このことが引き金となり，当時のマルテンス首相は閣内の調整に失敗し辞任の意向を表明した．

[44]柴崎（2003：55）：「ベルギー国民に占めるオランダ語（およびその方言）を母語とする話者の割合は，フランス語のみが実質的に公用語とされてきた十八世紀末から十九世紀後半の時期でも六割を越えていた」．

[45]宗教的つながりによってドイツより国王（レオポルド 1 世）を呼んだ．

除く)のに続き[46]，1878 年，行政の場でフランドル語の使用が，続いて 1883 年，教育の場でフランドル語の使用が認められることとなった．国全体として見てみれば，ワロン地域とフランドル地域の経済的立場が逆転し，ワロン地域は好景気時代に受け入れた移民が重荷になるようになり，一方フランドル地域は言ってみればワロン地域そのものが重荷になるようになった．20 世紀に入ると（とは言え 1960 年代からであるが），フランドル地域・ワロン地域双方から自治の声が上がり始める．すなわち，フランドル語の地位を向上させようと運動から，むしろ，共同体の間での争いへと展開していく．こうして 1962 年の言語境界線確定法に至るのである．

さてそれでは，ことばの運用面でフランドル地域・ワロン地域の言語状況を具体的に見てみよう[47]．

フランス語圏 フランス	フランス語圏 ベルギー	オランダ語圏 ベルギー	オランダ語圏 オランダ

ことばの面で具体的に見ていくと，語彙に関して，オランダのオランダ語とフランドルのオランダ語では異なる場合がある[48]．

	オランダ語 （オランダ）	フランドル語 （ベルギーのオランダ語）
暖房	verwarming	chauffage
編集者	redacteur	opsteller
ハム	ham	hesp

---

[46] 1888 年ブリュッセルの法廷でフランドル語の使用が認められた．
[47] ベルギー国内のオランダ語学校等でオランダ語を教える場合，フランドル語ではなくて，オランダのオランダ語を教えるところが多い．
[48] 言語学関係の学界では，オランダおよびベルギーの言語を区別する必要のある場合に，それぞれ Noordnederlands「北ネーデルラント語」，Zuidnederlands「南ネーデルラント語」という言い方がよく用いられる．例えば，ベルギー特有の言い回しのことは，Zuidnederlands「南ネーデルラント語的」と言われる．ただし，ベルギーは，基本的にオランダのホラント方言 (Hollands) をもとにした「標準オランダ語」(ABN; Algemeen Beschaafd Nederlands) を取り入れる方向が採られるようになって以来，フランドル語はオランダの標準語にかなり似てきた．

第 1 章　文化誌的側面

ピルスナー[49] pilsje（biertje）　　　　pintje

語法面でもオランダのオランダ語とフランドルのオランダ語とでは異なることがある．

英語：I do not know what to say.
オランダ語：Ik weet niet wat te zeggen.
フランドル語：Ik weet niet wat zeggen.
フランス語：je ne sais pas que dire.

英語：I come from Japan.
オランダ語：Ik kom uit Japan.
フランドル語：Ik kom van Japan.
フランス語：je viens de japon.

ベルギーで話されるフランス語は一般にワロン語と言われ[50]，このフランス語もフランスのフランス語とはいくつかの点で異なっている．例えば，数詞に関して，

	フランスのフランス語	ベルギーのフランス語
70	"soixante-dix"（60＋10）	"septante"（70）
80	"quatre-vingts"（4×20）	"quatre-vingts"（4×20）または "octante"（huitante）（80）
90	"quatre-vingts-dix"（4×20＋10）	"nonante"（90）

このような差異が見られるが，こうした現象は，ベルギー特有と言うよりは，古いフランス語がベルギーに残ったのであるというふうに説明できる．その他，語彙の面で言えば，

---

[49]ビールの 1 種．
[50]ベルジシスム（Belgicism）：ベルギー特有のフランス語．

	フランスのフランス語	ベルギーのフランス語
朝食	"petit-déjeuner"	"déjeuner"
昼食	"déjeuner"	"dîner"
夕食	"dîner"	"souper" もしくは "dîner"

　これもベルギー特有の言い回しと言うよりは，古いフランス語がベルギーに残ったのだとされる．ワロン語に関しては，近年，復興運動が盛んになりつつある[51]．その話者数は，約110万人とされるが，ただし，ワロン語だけを話す monolingual speaker はほとんどいないのが現状である．

　2言語併用地域であるブリュッセル首都地域では，公用語としてオランダ語とフランス語の2言語が使用されている．人口，約100万人のうち，人口比は，フランドル語1.5に対し，フランス語8.5であり[52]．フランドル語地域に浮かぶフランス語の陸の孤島と言われることもある[53]．ブリュッセル周辺も含め，国全体の視点で見ると，概して，フランドル語地域の住人はフランス語も上手に操れる人が多いが，フランス語地域の住人はオランダ語（フランドル語）を上手に話せない（あるいは全く知らない）人が多い．さらに，ベルギー東部に位置するドイツ語地域について付言すれば，話者は Eupen, St.Vith 地方に住み，その数は約6万人とされる．ドイツ語は，ベルギー王国の公用語ではあるが，ブリュッセル首都地域での公用語ではないため，ブリュッセルで3言語表記されている広告・表示等を目にすることは少ない．これは，地域公用語的な立場と言われる．

　言語の問題に限らず，政府機関についても組織の分離が見られ，概略を述べれば以下のようである[54]．

<1国家・3地域・3公用語（共同体）・4言語圏>
　1国家…………ベルギー王国
　3地域…………フランドル地域・ワロン地域・ブリュッセル首都地域

---

[51]参考 HP は，http://www.wallonie.com
[52]かつて貴族などの支配者階層がフランス語を用いていた名残である．
[53]ブリュッセルをはじめベルギーについての HP：http://www.belgium-travel.org
[54]1970，1980，1988，1993年の法改正により連邦制に移行した（最終的に連邦制が宣言されたのは1993年のことである）．

第 1 章　文化誌的側面

3 公用語…………オランダ語（フランドル語）・フランス語・ドイツ語
4 言語地域………フランドル語地域（オランダ語地域）・フランス語地域・
　　　　　　　　ドイツ語地域・2 言語併用地域

　道路標識などの案内表示は，基本的にそれぞれの言語地域の言語のみでなされている（2 言語表示なし）．ただ，ブリュッセルでは通り名などが 2 言語で表示されているところが多い．鉄道に関しては，HP（http://www.b-rail.be）は，英・仏・蘭・独語で用意されている．地図などの地名の 2 言語表記は以下のようになっている．

日本語での地名	フランドルでの地名	ワロニーでの地名
ブリュッセル	Brussel	Bruxelles
アントワープ	Antwerpen	Anvers
ゲント	Gent	Gend
メッヘレン	Mechelen	Malines
ブルージュ	Brugge	Bruges
オーステンド	Oostende	Ostende
ルーバン	Leuven	Louvain
リエージュ	Luik	Liège
ナミュール	Namen	Narmur
モンス	Bergen	Mons
アーロン	Aalen	Arlon
トゥルネー	Doornik	Tournai

─ 現代オランダ語小文法 ─

　日本人に役立ちそうなポイントを中心に文法のエッセンスをまとめるとアウトラインはおよそ次のようになる．

［発音］
日本語話者にとって注意すべき発音は以下の通り：

<母音>
u [y]：*Utrecht*「ユトレヒト」
ie [i:]：*fiets*「自転車」
oe [u]：*boek*「本」
eu [ø:]：*neus*「鼻」
ui [ʌy]：*huis*「家」
ou [ɔu]：*oud*「年とった」
ei, ij [ɛi]：*klein*「小さい」

<子音>
j [j]：*jij*（イェイ）「君」
g [ɣ]：*groot*（フロート）「大きい」
ng [ŋ]：*tong*「舌」
sj [ʃ]：*meisje*「少女」
nj [ɲ]：*oranje*「オレンジ」
sch [sx]：*school*（スホール）「学校」．ただし語末の -sch は [s].
v [f]：*veel*「多い」
w [v]：*wat*「何」
単語末尾の b と d は [p]，[t] になる：ik heb [hɛp]「私はもっている」，bed [bɛt]「ベッド」．

開音節（母音で終わる音節）では，母音（1 文字綴り）は常に長く，(ik) ga「(私は) 行く」

閉音節（子音で終わる音節）では，長母音の時は 2 文字で，短母音の時は 1 文字で表記される．
　　beer「熊」；pen「ペン」
ie, oe, eu という二重母音の綴りは，いずれの音節においても変わらない．
　　mier「蟻」− mie-ren（複数形）
f/v と s/z のスペルの使い分け：当該の子音の後に母音が来れば，v, z を用いる．

golf「波」 - golven（複数形）
語末の -en は日常口語ではたいてい ［-ə］となる．

［語形変化］

－名詞－
・2つの性の区別（通性，中性）があり，それにより，用いる定冠詞が異なる．
　　通性　de：de koning「王」, de weg「道」, de lerares「女性教師」,
　　　　　　de vrijheid「自由」；
　　通性　het：het kind「子供」, het boek「本」
・複数定冠詞は，性を問わず de である．
・単数名詞に対する不定冠詞は，性を問わず een である（例：een man「一人の男」）．
・複数形は，単数形に接尾辞 -en あるいは -s を付けて作られる．
　　maan＞manen「月」, keuken＞keukens「台所」
　不規則なものもある（例：stad - steden「都市」, ei - eieren「卵」）．
・指小辞 -je が盛んに用いられる（例：kop-je「小カップ」）．この複数形は常に -s．

遠近を表わす指示詞の体系は以下のようである．

	「この」(近い)	「あの」(遠い)
de 名詞単数	deze	die
het 名詞単数	dit	dat
すべての複数名詞	deze	die

人称代名詞の体系は次のようである．非強調時には弱形が用いられる．

		主格		目的格	
		強形	弱形	強形	弱形
単数	1人称	ik 「私」		mij	me
	2人称（親称）	jij 「君」	je	jou	je
	3人称	hij 「彼」	ze	hem	
		zij 「彼女」		haar	
		het 「それ」		het	
複数	1人称	wij 「私達」	we	ons	
	2人称（親称）	jullie 「君達」		jullie	
	3人称	zij 「彼ら」	e	hen/hun	

　2人称・敬称 u，U「あなた」は，常に同形である．形式的文章ではよく大文字の U が用いられる．再帰代名詞は，3人称で zich（単複同形）となり，その点で上表と異なる．
・所有代名詞（所有関係を表わし名詞の前におかれる）

	単数	複数
1人称	mijn	ons/onze
2人称	jouw	jullie
3人称	zijn「彼の，それの」 haar「彼女の」	hun

　ons は，単数の het 名詞の際，用いられる（ons huis「私達の家」，onze hond「私達の犬」）．2人称敬称は uw である．

－関係代名詞－
　先行詞が中性単数の名詞，代名詞の時は dat，それ以外は die を用いる．前置詞が必要な場合，先行詞が人間なら wie を（例えば met wie「その人と」），それ以外は waarmee，waarvan などのように waar と前置詞の融合形を用いる（het papier waarop ik schrijf「私が

書いている紙」）．

－形容詞－
・中性単数名詞以外の名詞の前におかれる時，語尾 -e をつける．
　　een goede man「善人」；een goed boek「良書」
　述語として用いられる時は無語尾である．
　　Dat is goed.「それはよい」
・比較級には -er，最上級には -st という語尾をつける．

－動詞－
・オランダ語の動詞は人称や時制によって活用する．

＜現在形＞
　ik speel「私は遊ぶ」　wij spelen
　jij speelt　　　　　　 jullie spelen
　hij speelt　　　　　　 zij spelen

＜過去形＞
　ik speelde「私は遊んだ」　wij speelden
　jij speelde　　　　　　　 jullie speelden
　hij speelde　　　　　　　 zij speelden
　動詞の語幹が，-p，-t，-k 等で終わる場合，接尾辞は，-de（n）ではなく，-te（n）となる．

・動詞には不規則に変化するものが数多くある．重要な動詞が多いので，一つ一つ覚えなければならない．
　　例：ik loop「私は歩く」，ik liep「私は歩いた」
　　　　ik neem「私は取る」，ik nam「私は取った」

＜完了形＞
　完了形は助動詞（hebben あるいは zijn）と過去分詞で構成される（場所の移動，状態の変化等を表わす自動詞の場合，zijn が用いられ

る）．
　　例：ik heb gespeeld「私は遊んだ」，ik ben gestopt「私は立ち止まった」

＜受動態＞
　受動態は，助動詞 worden と過去分詞を用いて作られる（行為者は前置詞 door によって導かれる）．
　　Ik geef het boek aan mijn vriendin.「私はその本を女友達にあげる」
　この文を受動態にすると，
　　Het boek wordt door mij aan mijn vriendin gegeven.「その本は私によって女友達に与えられる」（行為者である「私」は door を用いて表わされている）

・述部の核となる動詞は，複文の従属節で文の最後尾におかれる．
　　ik denk dat die man een boek koopt.「私は，その男の人は本を買うと思う」（dat 以下の従属節で，動詞 koopt は最後尾におかれている）
　通常の単文では，動詞は文の第二位の位置である．
　　die man koopt een boek.「その男の人は本を買う」

・動詞の中には複合動詞と呼ばれるものがあり，そのうちの一部は文中で二つの成分に分かれる（例：複合動詞 mee|gaan「いっしょに行く」の場合）．
　　ik ga met je mee.「私は君といっしょに行く」

・いくつかの動詞は特定の前置詞をとる．一つ一つ覚えるしかない．
　　Ik denk aan hem.「私は彼のことを思う」，wij wachten op haar.「私達は彼女を待つ」，Zij gelooft in hem.「彼女は彼を信用する」

・日本語と異なり，文中の主語が省略されることはない．内容上，意味をもたない場合でも，仮の主語をたてる．

第 1 章 文化誌的側面

> Het regent.「雨が降っている」
> Het is mooi weer.「いい天気である」

参考文献 （第 1 章）

Brulet, R.：*La Gaule septentrionale au Bas-Empire*. Trierer Zeitschrift, Beiheft 11. Trier 1990.

Brulet, R.：*Forts romains de la route Bavay-Tongres. Le dispositif militaire du Bas-Empire.* Louvain-la-Neuve 1995.

カエサル（Caesar, G.J.）：『ガリア戦記』（近山金次 訳）岩波文庫 1964.

出崎澄男：「フランク族とは何か（上）（下）」『白百合女子大学研究紀要』第 13/14 号（1977/1978）.

De Boe, G.：'De opgraringscampagne 1985 te Neerharen-Rekem,' *Archaeologia Belgica*, nieuwe reeks II, 1986.

De Cock, S.：'Het archeologisch onderzoek te Zerkegem-Jabbeke,' *Westvlaamse Archeaologica*, 3, 1972.

De Paepa, P. & Van Imple, L.：'Historical context and Provonancing of Late Roman Pottery from Belgium, the Netherlands and Germany,' *Archaelogie in Vlaanderen* I, 1991.

Donaldson, B. C.：*Dutch - A liguistic history of Holland and Belgium*. Leiden 1983.『オランダ語誌』（石川光庸，河崎 靖 訳）現代書館 1999.

Elton, H.：*Warfare in Roman Europe AD 350-425*. Oxford 1996.

Frey, E.：*Einführung in die Historische Sprachwissenschaft des Deutschen*. Heidelberg 1994.

Goossens, J.：*Inleiding tot de Nederlandse Dialectologie* Tongeren 1972.

Gysseling, M.：*Toponymisch Woordenboek van Belgie, Nederland, Luxemburg, Noord-Frankrijk en West-Duitsland*. Tongeren 1960.

Gysseling, M.：'Germanisering en taalgrens,' *Algemene geschiedenis der Nederlanden*. Haarlem 1981.

檜枝陽一郎：「オランダ語の起源について－英語とドイツ語のはざまで－」『日蘭学会誌』第 16 巻第 2 号（1992）S.17-38.

James, E.：*De Franken*. Baarn Ambo 1990.

神島 定：『むなかたさま－その歴史と現在－』宗像大社 2006.

Krahe, H.：*Sprache und Vorzeit*. Heidelberg 1954.

Kurth, G.：*La frontiere linguistique en Belgique et dans le Nord de la France*. Bruxelles 1896.

Lamarcq, D. & Rogge, M.：*De taalgrens: van de oude tot de nieuwe Belgen*. Leuven 1996.

Linden, H. V. D.：'La foret charbonniere,' *Revue belge de philologie et d'histoire*. 1923.

Mansion, G. : Oud-Gentsche Naamkunde. Bijdrage tot de kennis van het oud-Nederlandsch. 's-Gravenhage 1924.

Milis, L. : 'Cultuurhistorische en -sociologische overwegingen bij het fenomeen taalgrens,' *Ons Erfdeel* 5 (1984), p.641-650.

森田安一：「スイス」森田 安一 編『スイス・ベネルクス史』山川出版社 1998.

小川秀樹：『ベルギー　ヨーロッパが見える国』新潮選書 1994.

Petri, F. : *Germanisches Volkserbe in Wallonien und Nordfrankreich*. Bonn 1937.

Petri, F. & Haust, J. : 'Germanisches Volkserbe in Wallonien und Nordfrankreich,' *Handelingen van de Koninklijke Commissie voor Toponymie & Dialectologie* XII (1938), p.402-406.

Rostaing, Ch. : *Les noms de lieux*. Paris [7]1969.

Roymans, N. : 'Late Urnfield societies in the Northwest European Plain and the expanding networks of Central European Hallstatt Groups,' *Images of the past. Studies on ancient societies in Northwestern Europe*. Amsterdam 1991.

斎藤絅子：「ベネルクス」森田安一 編『スイス・ベネルクス史』山川出版社 1998.

佐藤賢一：『カエサルを撃て』中央公論新社 1999.

柴崎 隆：「ベルギーにおけるオランダ語復権の歴史的経過」『理想』670 号(2003).

塩野七生：『ローマ人への 20 の質問』文春新書 2000.

スウェートーニウス（Suetonius, G.）：『ローマ皇帝伝』（角南 一郎 訳）現代思潮社 1974.

タキトゥス（Tacitus, C.）：『ゲルマーニア』（泉井 久之助 訳）岩波文庫 1979.

タキトゥス（Tacitus, C.）：『ゲルマーニア』（國原 吉之助 訳）ちくま学芸文庫 1996.

タキトゥス（Tacitus, C.）：『アグリコラ』（國原 吉之助 訳）ちくま学芸文庫 1996.

Thirion, M. : *De muntschat van Liberchies. Aurei uit de eerste en de tweede eeuw*. Brussel 1972.

van Kerckvoorde, C.M. : *An Introduction to Middle Dutch*. Berlin & New York 1993.

Van Doorselaer, A. : 'De Romeinen in de Nederlanden,' *Algemene geschiedenis der Nederlanden*. Haarlem 1981.

Van Doorselaer, A. : *De Kemmelberg, een Keltische bergvesting* (Westvlaamse Archeologica, Monografieën, 3). Kortrijk 1987.

第2章 言語史的側面

第1節　フランク語とサクソン語
　　　　－フランク語・サクソン語・フリジア語の複合体
　　　　としてのオランダ語－

That geld hedde tha gilestid
thiu idis an themu alahe.
「その女性は神殿でいけにえを捧げた」
(『ヘーリアント』S写本 528-9行)

　これまでのオランダ語史の研究では，その対象は，多くの場合，標準オランダ語成立のプロセスに直接，関わるような事象に限定され，そのうち特にホラント方言に大きな関心が向けられてきた．これ以前の例えば中世期のオランダ語，例えばサクソン語（方言）に関して，これをオランダ標準語生成の過程の中に位置づけるという研究方向ははじめから根拠をもたないものと通常，考えられてきた．しかしながら，オランダ語の標準語化の問題を古フランク語（方言）から中世フランク語（方言）そして近代フランク語（方言）へという連続性の視点でのみ考察できるほど，それほど単純化した図式には収まらない．
　オランダ中世初期の各方言あるいは地域語において，社会の上層部では，交易性のある言語（独：Verkehrssprache）を目指し平均化する動きが，また，その他の社会層においても人為的ではない交易語的なものの芽生えが生じていたであろうことは十分，考えられる．今日の標準語の成立へと向かう道筋を直接的に辿ることはできなくとも，標準語への動きというのはさまざまな現われを見せるものである．本節で対象としたいと思うのは，中世初期の言語状況における古サクソン語の位置づけである．当時の状況もまた標準語へと向かういくつかの大きなうねりのうちの1つと捉え，その諸相について述べたい．自然発生的であれ，意識的であれ，オランダ語の標準語への道筋に直結するには至らない，各時代・各方言群のうねりが統合へと向かう，

その芽生え，あるいは萌芽的状態とはみなせないであろうかというねらいである[55].

いわゆる規範的な意味（top down）で，ことばの地域間交流から超地域語の成立への道程を観察するのではなく，当時の言語使用の実相に迫るというやり方（bottom up）でことばのありようを眺めたら，中世初期の方言群の実体を浮かび上がらせることはできないであろうか．この点を特に考慮して，本節では古サクソン語の言語状況の中でも，通時的な問題よりは，むしろ地理的・社会層横断的（独：diatopisch, diastratisch）な問題を中心に方言学・社会言語学的に考察したい．まずは，例証として，中世初期に誕生した伝承テキストを1例挙げ，その時代の言語（方言）の独立性という問題について見てみたい[56].

＜テキスト＞ Hendrik van Veldeke：『聖セルファース』(*Sint Servaes*)[57]

詩人ヘンドリック・ファン・フェルデケ（Hendrik van Veldeke，ドイツ名ハインリッヒ Heinrich）のテキストは，中世（12世紀後半，1160-1170年くらい）のリンブルフ地方の言語資料で，低地諸国で見出される最古のまとまったテキストである．フェルデケの母語が低地フランク語と高地フランク語の間の境目（つまりオランダ語とドイツ語の境目の）のリンブルフ方言であるがために[58]，言語史上あるいは文学史上，フェルデケがオランダ・ドイ

---

[55] これまでのドイツ語史研究でも，研究の対象は，多くの場合，新高ドイツ語文章語成立の過程に直接的に関わる特定の方向に限定され，そのうち特に初期新高ドイツ語（独：Frühneuhochdeutsch）により大きな関心が向けられてきた．しかしながら，各時代・各方言群における多様な方向性をもった超地域語成立に向けてのうねりこそがドイツ語標準語形成に至る基本的方向であると考えることができよう．超地域語化の現象は新高ドイツ語標準語の成立に至る言語平準化の問題に対して大きな示唆を与えてくれるものと思われる．
[56] 後に，テキストに見られる諸特徴を指摘し当時の言語（方言）間の影響関係について触れたい．
[57] 聖セルファース（384年没）：マーストリヒトの聖人．
[58] 下記の引用部分で特徴的なのは，*ich*（「私が」1行目），*mich*（「私に」2行目）のように，他の諸方言（ic, mi となる）では見られないリンブルフ方言特有の人称代名詞形が用いられていることである．

第 2 章　言語史的側面

ツのどちらに属するとみなすべきかで，オランダの研究者とドイツの研究者の間で常に綱引きが行われてきた[59]．ともあれ，12 世紀の終わりからは多くのテキストが残されており，それらは，オランダ語学界では最古のオランダ語テキストとみなされている．これを便宜上，中世オランダ語と呼ぶが，英語やドイツ語の最古の資料よりもかなり後世のものである．

Hi sprack: 'ich ben eyn keersten man	彼は語った：「私はキリスト教徒であり，
ende wille, ofs mich God gan,	神がお認め下さったならば，
gherne keertelike leven	私はキリスト教徒としての生活をし，
ende mijne ziele weder gheven	私の魂を再び創造主である神に
5　Gode, mijnen sceppere,	捧げたく思います．
die doer ons, arme sondare,	悔い改めたる貧しき私たちのために
vander maghet waert gheboren	聖マリアからお生まれになり，
ende verloeste die waren verloren	アダムの罪のために

---

[59]このように，最も古いテキストはリムブルフ方言に基づいているが，後の時代の標準語（ABN）の発展にとっては，リムブルフ方言は 2 つの南方の方言，つまりフランドル方言とブラーバント方言ほどは重要な役割を果たさないのである．むしろ，中期オランダ語時代，記録された書きことばの資料の量で言えば，圧倒的にフランドル方言とブラーバント方言のテキストが優勢である．今日伝わっている 13 世紀のテキストは主にフランドル方言起源であり，14 世紀のテキストはフランドル方言とブラーバント方言との混成の傾向にあり，15 世紀からは明らかにブラーバント方言が優勢である．その背景には，フランドルの都市，ブルッヘとヘントの全盛期（13・14 世紀）と時を同じくしてフランドル方言のテキストが優位を占めたと言うことができ，その一方でブラーバント方言が 15 世紀から頻繁に用いられるようになったという状況は，経済的繁栄がその頃フランドル地方の諸都市からブリュッセル・アントワープといったブラーバント地方の諸都市に移ったことに対応している．16/17 世紀になるとホラント州の繁栄が目立ち始めるが，これもまた，ホラント方言のテキストが頻繁に現われることに如実に反映されている．この時期，スペインに対する独立戦争のため南ネーデルラント（現在のベルギー）の商人たちが主にホラント州に移り，当初は南ネーデルラントの方言が書きことばとして用いられていた．南ネーデルラントからの移民のことばとホラント方言が融合し，いわば新しい口語がホラント州で形成されることとなり，この後，長い道のりを経て標準オランダ語が成立するに至るのである．このように近世のホラント州の諸都市は標準オランダ語の発展に貢献し，その結果として低地諸国のことばないしネーデルラント語（Nederlands）とはつまり「ホラント語」（Hollands）という考えが浸透することとなった．

doer Adams sonden.	堕落した人々をお救いになられた.
10 Men mochte uch voele orconden	あなたが理解する意志があれば,
van Gode, woldijt verstoen:	神について伝え聞くことは多いであろう,
wat hi doer ons heeft gedoen,	すなわち, 天の王である神が私たちの
der coninck van hiemelrike.'	ことを思ってなされたことについて.

ドイツの詩人ゴットフリート・シュトラースブルク (Gottfried von Straßburg) が彼の作品 'Tristan' の中（4736行以下）でフェルデケのことを賞賛して「彼は最初の枝をドイツ語の庭に挿した」と記している. 当時, 文学界のことを庭園に喩える風があった.

上に挙げたテキストと並んで, 低地地方における有名な宗教叙事詩『ヘーリアント』(Heliand, 中世初期) に関して, 実は言語地理学的な問題について大きな議論の余地が残っている. ここでまず, 写本の表記における書き言葉と話し言葉の関係について少し触れたい. 話し言葉を文字で表記する場合, 書き言葉の保守的な性格のためにどうしても揺れが生じやすい. これまで, 一見, 無際限とも思われるこの揺らぎに対して何らか一定の規則性を見出すことはできないものかという問題設定に向けて, 言語資料を詳査し, そのヴァリエーションのあり方を理解すべく然るべき方法論をうちたてようとする取り組みが行われてきた. 近年, 一般言語学において認知的視点を導入することによって, 確かに, これまで行われていた, 言語現象を人間から切り離し, 言語の構造あるいは機能というレベルで自然科学的な意味での自律的な体系性を見出すという姿勢から, ことばの仕組みの背景にその使い手である人間らしさを見出そうとするスタンスへと移行してきている. 翻って考えてみると, 個別言語の語史という伝統的な領域で従来なされてきた説明方法にも, 原理的に認知的なアプローチと通底するところが少なからず見られる（例えば, 心理言語学的なタームとされてきた 類推（Analogie）などである）. 話し言葉と書き言葉の関連付けに際し, 重要視されるのは, 話し言葉で表現されたものをどう書き言葉に移すか, すなわち, 発せられた音の音価を書き言葉の中にどのような文字（列）で反映させるかという問題である. この点について, Mihm (2002) は, 形態素に関する書記原則 (morphematisches Schreibprinzip) として, 次のように述べている:「音連続をただ忠実に反映

第 2 章　言語史的側面

するよりも，書かれたものが視覚的にどのように再認識されるか，すなわち，同じ意味を担っている形態素は同一の文字列で表記されるべきである」[60]. この原則によれば，例えば <land-es> と <land> において共に同じ <d> で表記されるのは，この文字（列）を読む読み手側が，この形態素が同一のものであることを認識するのにより望ましいからだと説明される. そもそも，ある一人の言語使用者が，ある形態的単位に対しどのような語形を用いるかという問題設定には，いくつか段階を設けて考察する必要があると考えられる. その個人の属する言語集団から受ける制約，すなわち，言語の体系性という社会的な制約から，あるいは方言レベルとも言える言語共同体的なものを経て，比較的個人に帰する性質のもの（例：誤写，独：Schreibfehler）などまで種々多様である. 学界での研究史は長いとは言え，いまだ十分な方法論の確立がなされていない書記法の分野に，先行研究を踏まえ従来の問題点にできるだけ切り込み，書記のヴァリエーションをめぐるアプローチとして新たな知見を提供しようとする動きも起こっている. 一般的にどの写本であろうと（そしてその音体系がすでにたてられていようがいまいが），語史的に総合的な立場から写本異同の問題点に普遍的に関わっていくことのできる作業仮説をうちたてる可能性に関してである. つまり，考えられ得る最も普遍的な方法論を用い，いわばどのような書記体系にも適応可能なモデルを活用しながら，広くゲルマン語全体の立場から音・書記の相互的な影響関係およびその傾向性を明らかにすることが望まれる.

　こうした議論も踏まえ，『ヘーリアント』の問題に移れば，その成立時期に関しては大体はっきりしたことがわかっているのであるが（9-10世紀と想定される），この作品が編まれた場所を巡ってはこれまでのところ研究者の間で見解の一致が見られないのである. また，写本間の異同（次の系統樹を参照のこと）についてもなお問題点が少なくない.

　本節では，以下の諸点から，『ヘーリアント』が元々，執筆された故地は[61]，

---

[60]原文は次の通りである："die Durchsetzung des morphematischen Schreibprinzips zurückgeführt, d.h. auf eine Innovation im Schriftsystem, die die visuelle Wiedererkennbarkeit des Geschriebenen höher bewertete als eine konsequente Nachbildung der Lautfolge. Konkret bedeutet dieses Prinzip, dass die sinntragende Einheit Morphem immer mit dem gleichen Schriftbild wiederzugeben ist, und zwar unter Nichtberücksichtigung des kontextbedingten Wechsels seiner Lautform."
[61]独：Heliand-Heimat

```
                    O
                    |
          ┌─────────┴─────┐
          |               CM
          CP              |
       ┌──┴──┐         ┌──┴──┐
       |     P         M     S
       V     |
             C
```

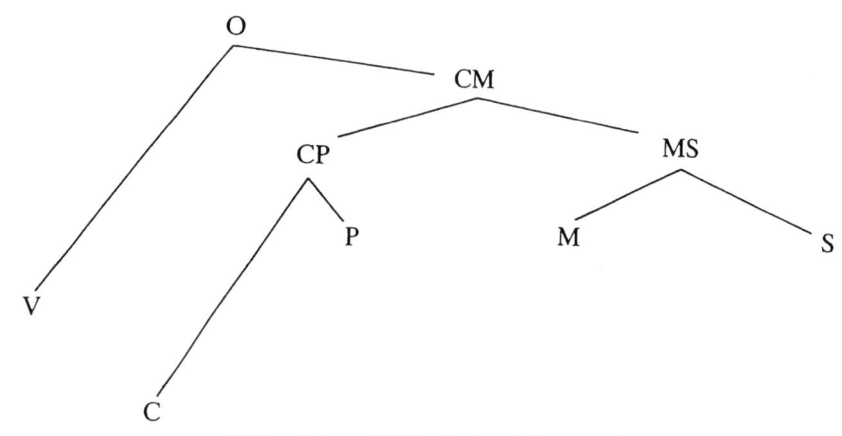

Heliand 写本の系統樹（Behagehl [9]1984:Ⅷ）

従来考えられているよりもかなり西方に想定される可能性があるのではないかという問題提起を行いたい[62]．以下，言語事実レベルでの方言変異の姿を写本の地理的位置の問題に即して論じてみることにする．次の a)– c) は，とりわけ C 写本を他の諸写本とは区別する特徴である．

 a) 名詞類の強変化における単数，与格，男性・中性の屈折語尾
    C 写本では，-on, -un という語尾で現われるが，M 写本やP 写本では，語尾は -om, -um である．
    例：Heliand（1316 行）C 写本：sinon；M & P 写本：sinum

 b) 動詞の直説法・命令法，現在形の複数語尾
    C 写本では，他写本と異なり -nt, -nd が優勢である．

 c) ゲルマン祖語の複母音 eu の音変化のあり方
    ドイツ，オランダ北東部では iu となる（また，他の写本のほぼすべての個所でそうなる）のに対して，C 写本では，ie となる場合がある[63]．
    例：Heliand（3610 行）C 写本：triestre

---

[62]Gysseling（1980）を参照のこと．
[63]ただ1個所のみ在証されるだけなので誤写（Schreibfehler）の可能性もある．

第2章　言語史的側面

　これらの点の他にも,『ヘーリアント』写本は, ゲルマン語の o を, <uo>のみならず <o> も表記する点など, 故地がオランダ語圏の西部に認められる可能性が高い.

　従来の諸説を踏まえた上で, 上記のようないくつかの言語学的理由から, おそらく詩人の出生の地はオランダ東部エイセル (Ijssel) 川流域で, 後に詩人はドイツとの国境を越えエッセン (Essen) 郊外のヴェアデン (Werden) 近郊で作品の執筆を行ったのではないかと推察される[64]. また, 上で触れたように, 伝承する5つの写本の中でもさまざまな面で議論の余地の残るC写本（大英図書館 British Library 所蔵）については, 従来, 考えられていたよりはかなり西方にその誕生の地が求められるべきであろう[65].

　古サクソン語も単一的な言語共同体の様相を示すことはなく, 時間・空間・社会層といった諸々の観点からすると, 隣接する諸方言群とかなりの程度, 相互的な影響関係にある点, また, 個々の具体的事象を通して, 古サクソン語の時代に, その西側に位置し多大な影響を及ぼしたであろうフランク語とのダイナミックな相互関係の諸相を扱うことが, 本節の主要な論点である[66]. 具体的に言えば, 広くイングヴェオーネン語 (Ingwäonisch) 内の1方言としての古サクソン語の位置づけ, および, 社会言語学の見地から古サクソン語に関わる超地域言語化（独：Überregionalisierung）の問題とは一体どのようなものとして提起できるのか問いかけることである[67].

　さて, フランク語（方言）についても, その中世初期の段階において担っていた役割に関して触れておく必要がある. 508年までにクローヴィスは, フランク人全ての王となっていた. フランク人は, 高度な文明をもつガリア・ローマ民族のすぐ近くに何世紀にもわたって住み, その間に双方の世界のジンテーゼ（総合）とも言うべき文化を発展させてきた蛮族であった. フ

---

[64]『ヘーリアント』の言語は確かにドイツ語・オランダ語両言語の特徴を併せもっている.
[65] フランドル地方の Antwerpen 周辺が考えられる.
[66] その際, 純粋な（独：echt, すなわち他言語との混じり合いのない）サクソン語（独：Echtsächsisch）という見方を導入する.
[67] ただし, 本節で論じたのは, 主に地理的・社会言語学的な問題で, 通時的な点についてはあまり触れなかった. 当時の方言群のあり方を探る上で妥当と考えられる伝統的な区分法をとって古サクソン語のみを考察しており, 古低地ドイツ語全般を扱ったわけではないからである.

ランク王国はガリアの地に，フランク文化と呼んでもいい独特の文化を発展させた．それに先立つ時代については，考古学の成果に頼るしかなく，これまで見てきたように，フランク人と他のゲルマン民族との区別さえ難しいことが多い．しかしいずれにしても，言語学的観点から見れば，この時代については私たちはまだ当分の間は暗黒の中にいることを余儀なくされる．クローヴィスは，ガリアを南部はロワール河まで征服し，また首都をパリに定めた後，東は中央ドイツや（スイスやオーストリアを含む）南ドイツへ，南はゴート人占領下のガリアへと進軍した．これら2つの方向への拡大政策は，メロヴィング朝の代々の支配者が引き継ぐことになった．クローヴィスがキリスト教に改宗したころから，フランク人の進攻は，たび重なるにつれて十字軍的雰囲気を帯びるようになった．6世紀末までには，アルプスの北側では，フリジア人とサクソン人だけがフランク人からの独立を保っている状況となっていた．そしてこの2部族が，オランダのかなりの部分を領有していたのである．

　この時期以降たくさんのラテン語写本があり，今もルクセンブルク大公国のエヒターナッハ（Echternach）にある修道院の文書室に保管されている．その修道院は，ウィリブロルトが設立し，739年に彼が没したところである．大陸で最も古いアングロ・サクソン宣教活動の中心地であるユトレヒトにも，この時期からの写本が多く保存されている．ロウワース川以東のフリースラント（すなわち今日のフローニンゲン地方と北ドイツ）の制圧と改宗は，カール大帝の対サクソン戦役史の一部分を成している．カール大帝の治世まで（768-814年），ロウワース川とエイセル川はオランダにおけるフランク帝国の境界線になっていた．この国境線の向こうには，サクソン人，すなわち言語上近い関係にあるゲルマン人が住んでいた．彼らは，カール大帝時代にすでに領有していた土地を今日なお所有し続けている．彼らは少なくとも紀元後350年からその地にいたことが知られているが，おそらくはフランク人が国境城壁を超えてベルギーやガリアに移った結果，からになったオランダ東部地方を引き継いだのであろう．より古く歴史に登場したフランク人の場合と同じく，ここでもまた，サクソン人がどのような連合形態をもっていたのか，確かなことはわからない．北ドイツに住んでいたサクソン人は，別の前線からも，すなわちフランク人がすでにメロヴィング朝時代に占領していた中央ドイツ（チューリンゲンやヘッセン）からも攻撃されることがあ

第2章 言語史的側面

り得た.
　以下，本節の主題であるフランク語とサクソン語の関係に言及していく. テキストとして扱う，中世初期の古サクソン語で書かれた作品『ヘーリアント』は，キリスト教の布教を目的に作られた宗教叙事詩である. Sanders (^{2}2000：1277) が指摘するように，「当時の伝承された文献の約80％は『ヘーリアント』Heliand と『創世記』Genesis からなる」("etwa 80% der and. Textüberlieferung ausmachen"). このように，今日まで伝承するテキストの中で占める『ヘーリアント』の位置づけからもその重要性がわかる. さらに言えば，『ヘーリアント』以外の文献は，それらが量的に乏しいということをさしおいても，明らかにフランク語の影響を受けており，その点で二次的な意味しかもたない[68]. あるいは，個々の諸方言が統一性のある超地域的な形へと統合されていくプロセスとして『ヘーリアント』の言語を見ることもできよう[69]. つまり，個別の諸方言群から超地域語化の動きである. この超地域的交易語の成立という指摘の根拠となっているのは，Mitzka (1948/50：38) の「『ヘーリアント』の言語のことをフランク語の影響を受けながらも，地域を越えた（＝小方言群を越えた）交易語的な日常語」（原文："eine Variante der auf den Stammesversammlungen gesprochenen, fränk. beeinflußten überlandschaftlichen, über den kleinlandschaftlichen Mundarten stehenden Umgangssprache") とみなすという見解である. なお，この当時の言語・民族の勢力分布図はおよそ次の図のように示される[70].

---

[68]Dal（1983：79）: „Die Überlieferung besteht so gut wie ausschließlich aus den Hs. Des großen Epos Heliand aus dem 9. und 10. Jh., wovon die eine auch Bruchstücke der nahe verwandten Genesis enthält. Daneben stehen eine Reihe kleinerer Denkmäler, die im wesentlichen Aufzeichnungen für den Klosterbetrieb enthalten, Rechenschaften, Bruchstücke von geistlichen Schriften, Glossensammlungen, kirchliche Formulare u. a. Diese Denkmäler sind, abgesehen von ihrem geringen Umfang, wegen der *offenbaren Beeinflussung von frk. Klosterschulen* **nur von sekundärer Bedeutung**. [...] Trotz dieser Einseitigkeit der Überlieferung ist es möglich, eine sprachgeschichtliche Linie aufzuzeigen. Diese stützt sich vor allem auf die Analyse der Heliandsprache unter Einbeziehung des historischen Hintergrundes."

[69]Scheuermann（2000：1286）: „Die Hel.sprache [wäre] das Ergebnis eines - wenn auch erst zaghaften - Integrationsprozesses von den Einzeldialekten zu einer überregionalen Form von Einheitlichkeit gewesen."

オランダ語学への誘い

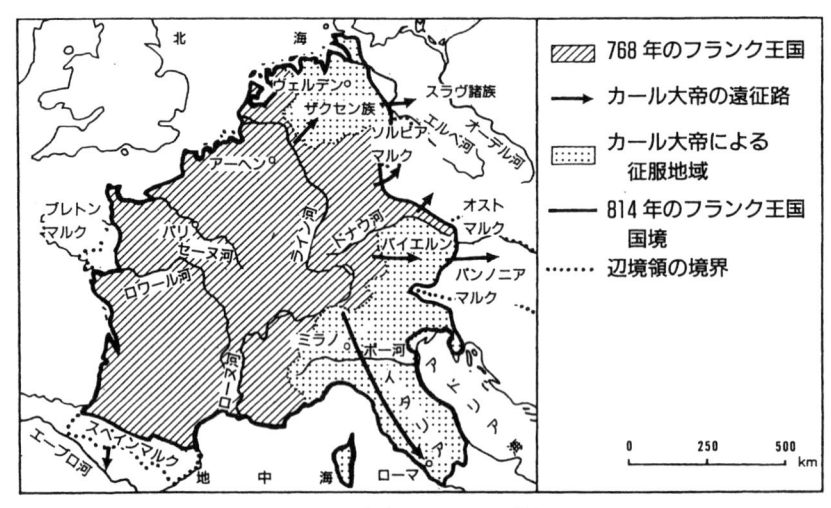

カール大帝のフランク王国
（シルト 1999：32）

　さらに『ヘーリアント』に関する社会層的な言語相を考察するに当たっては，当時のサクソン語とフランク語との関係を踏まえる必要がある．Scheuermann（2000：1286）の指摘のように，サクソン語がフランク語を受け入れることは「権威のある言語形態を受け入れること」（原文：„die Übernahme [...] von Prestigeformen")であり，こうした見方の背景にあるのは，Sanders（1974：31）の指摘のように「部分的に見出される二重母音化した発音のしかたはフランク語から入ったサクソン人社会上層の言葉遣い」（原文：„eine partiell in Erscheinung tretende diphthongische Aussprache als eine aus dem Fränkischen adaptierte oberschichtliche Sprechweise")．フランク語的なものが社会的上層の言語相の現われとみなされていたという事実である．具体的な例としては，/eː/，/oː/ 音に対し，<ie>，<uo> という表記が用いられる用法がある[71]．そもそも，中世から今日まで伝承されているテキストは，書記の能力のある一部の限られた教養層の言語状況（独：Sprachstand）を反映している[72]．

---

[70]Schildt（1999：32）
[71]これは現代オランダ語においても同じである．

第2章 言語史的側面

　サクソン人社会の中でも上層部に対して，隣接するフランク語からの影響があり，こうした言語層の現われが『ヘーリアント』の言語であると考えられる．一方，本来のサクソン語は言語上，低い相にあるとみなされていた[73]．社会層による言語の実相はそれほど単純化した図式にはおさまりえないが，およそ次のような構図が想定されよう[74]．

　社会層

上　層	フランク語・高地ドイツ語を受け入れたサクソン語（ここに『ヘーリアント』が含まれる）	超地域的（教会・貴族を通して）
下　層	'Echtsächsisch'	超地域的（Echtsächsischや古英語・古フリジア語を含み込む形でのイングヴェオーネン語として）

　ここで問題となるのが Echtsächsisch（独：echt「生粋の・典型的な」）の定義である（フランク語などの言語財が混じっていない生粋のサクソン語とでも訳せよう）．次の図に示されるように[75]，かつてタキトゥスが西ゲルマン人を祭祀共同体に基づき，エルミノーネン（Erminonen）・イングヴェオーネン（Ingwäonen）・イストヴェオーネン（Istwäonen）と分けているのに従い，通常これに対応する地理的分布による呼び名を付けて下記の(1)～

---

[72]Sonderegger（1979：20ff.）．Sanders（1974：29）は，このことを端的に „Mittelalterliche Texte sind [...] schon als Institution oberschichtlich orientiert" と述べている．
[73]Scheuermann（2000：1286）：„[...] darf man folgern, daß in ihrer sprachlichen Hinterlassenschaft am ehesten und nachhaltigsten Spuren des südl. Einflusses auf das ursprüngliche And. zu finden sind."
[74]Rooth（1932）
[75]『ドイツ言語学辞典』299頁からの引用．

(3)のような言語グループにまとめられる[76].

(1) エルベゲルマン語（Elbgermanisch）
　　古アレマン語・古バイエルン語・ランゴバルド語
(2) 北海ゲルマン語（Nordseegermanisch）
　　古英語・古低地ドイツ語・古オランダ語・古フリジア語
(3) ヴェーザー・ラインゲルマン語（Weser-Rheingermanisch）
　　古高ドイツ語

　このうちの北海ゲルマン語については，その特徴として次の諸点が挙げられる[77]．① 直説法複数の現在人称変化は，（古オランダ語を除き）一つの語尾に統一されている（統一した複数形：Einheitsplural），② 第二次子音推

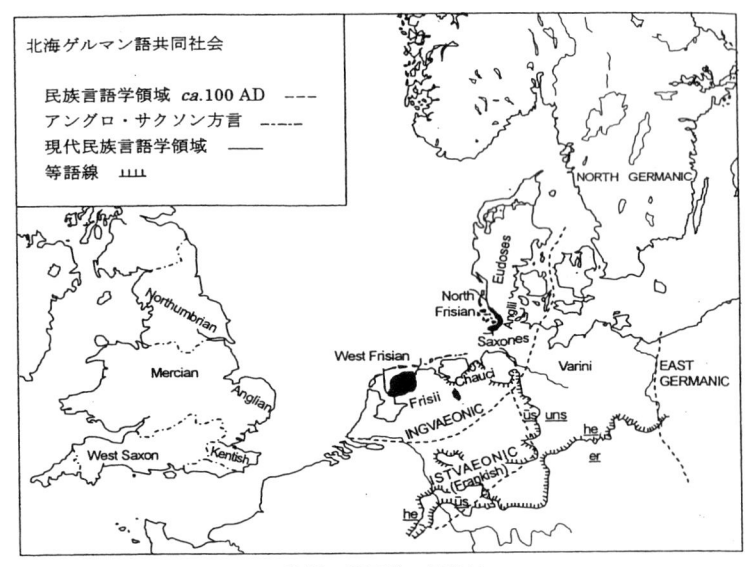

1世紀の諸民族の居住地
（平林 2009：22）

---

[76]Maurer（³1952）に見られる如く，西ゲルマン語とは祭祀共同体が空間的に隣接し政治的・文化的に統一される過程で二次的に成立したものであって，西ゲルマン語という部族的統一体の存在について疑義を唱える研究者もいる．
[77]平林（2009：19-32）

第2章 言語史的側面

移を受けていない，③3人称男性単数の人称代名詞は，he（古高独語：er）など．本節では，サクソン語のうち，こうした北海ゲルマン語の特徴を守っている言語相のことを基本的に「典型的サクソン語 Echtsächsisch」と定義する．したがって，古サクソン語のゲルマン語内での位置づけを考える場合，

（ⅰ）北海ゲルマン語（Nordseegermanisch）に基盤をおくいわゆる「典型的サクソン語 Echtsächsisch」と
（ⅱ）高地ドイツ語やフランク語の影響を被った上層語

とを区分する必要がある[78]．方言分類上，古サクソン語（Altsächsisch）は，北海ゲルマン語（Nordseegermanisch）と内陸ドイツ語（Binnendeutsch）の間にあり，地図上で示せば，次のようである[79]．

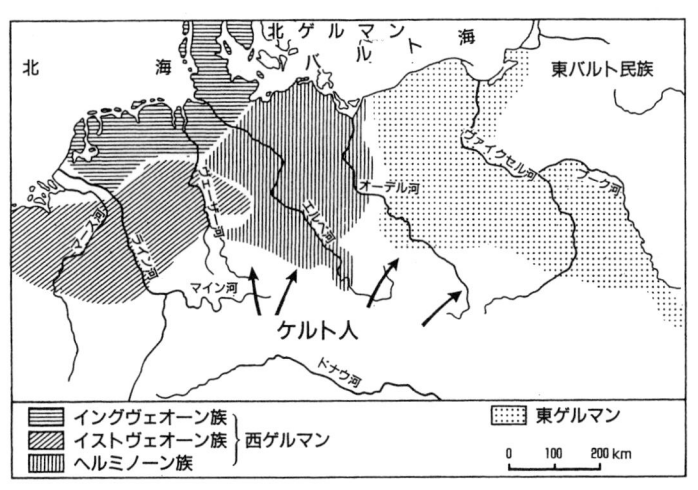

紀元前300年頃のゲルマン人の居留地域
（シルト 1999：9）

---

[78]Sonderegger（1983：1536）：„Besonders schwierig ist dabei die Einstufung des Altsächsischen, da sich in der schriftlichen Fixierung neben dem sog. Echtaltsächsisch auf nordseegermanischer Grundlage der kleineren Denkmäler und Eigennamen die Heliand-Sprache als z.T. ahd.-fränk. überschichtet erweist, jedenfalls nach sprachgeographischer Stellung und dialektaler Gliederung zwischen Nordseegermanisch und Binnendeutsch steht."
[79]Schildt（1999：9）

以上この節で見た古サクソン語について，言語社会層に関する側面をまとめるならば，『ヘーリアント』の言語はフランク語を受け入れた社会の上層の言語であり，その書き手はおそらく社会的上位にある超地域語な（独：überregional）言語層の担い手であったろうと推定される[80]．一方，イングヴェオーネン（Ingwäonisch）が関与している古サクソン語の相は，社会層としては民衆レベルの低い言語層であると考えられる[81]．Heeroma（1970：240）：「イングヴェオーネン語を基盤としながら生じた新しい言語形態」（原文：„auf ingwäonischer Grundlage neue Kultursprachen"）ということばを援用するならば，この新しい言語形態の1つの例が古サクソン語であり，これは紀元後数世紀の間にフランク語圏外で成立したものと考えられる[81]．メロヴィング期以降，フランク語が上層（superstratum）となり，イングヴェオーネン的な要素をもつサクソン語が基層（substratum）となる構図が次第にできあがっていったのであろう．

---

[80]Scheuermann（2000：1287）

[81]Heeroma（1970：239）：„eine unterschichtliche Sprechtendenz in der nördlichen Hälfte des west-germanischen Bereiches"

第2節　中世オランダ語

　前節では，地理的な拡がりを軸に主に言語地理学的な（diatopisch）観点から考察を加え，併せて，社会層を横断する形での（diastratisch）視点も導入した．一方，本節では，中世初期のテキストから始めて，通時的な（diachronisch）諸問題を扱うことを主眼とする．最古のテキストから現代オランダ語に至るプロセスをなるべく具体的資料に基づき実証的に辿り，オランダ語の通時言語学の諸問題に触れる．

　実際にはオランダ語の最古期に当たる古低フランク語で書かれたまとまったテキストはないため，歴史言語学はこの点を，中世期にラテン語で書かれたテキストの中に残されているオランダ語の名称や語句注釈で補わなければならない．ラテン語テキストの中にしばしば見られるゲルマン語による語句注釈，例えば写本の行間や余白に書き込まれた注解も大いに重要である．例えば，ドイツのライン地方の古低地フランク語文献である『ヴァハテンドンク詩篇』（Wachtendoncksche Psalmen）がこれに当たる．このテキストは以下の通りである．

＜テキスト＞　『ヴァハテンドンク詩篇』（Wachtendonckse Psalmen）第66章（2-9）

　この『ヴァハテンドンク詩篇』は，別名『カロリング詩篇』（Karolinger Psalmen）とも呼ばれ，おそらくフランク語に属していたリンブルフ方言で書かれたであろうと推定される，俗ラテン語からの行間訳である．『ヴァハテンドンク詩篇』の手稿本はすでに失われ，そこから派生したと考えられるいくつかの写本が残っている．16世紀，Liège（ベルギーのリエージュ）の司教座聖堂参事会員，Arnold Wachtendonck が1591年6月から1592年7月まで Justus Lipsius（ベルギー・ルーヴァン大学の人文主義者，1547-1606）に貸し与えた資料が，この原典を想定させるきっかけになった（以下の文例の各3行目は現代オランダ語）．

2. Singit gode al　　　ertha, lof quethet namon sinin, geuet guolihheide loui sinin.
　　歌う　神　すべての　地球　賛美　言う　名前　彼の　与える　名声　　　賛美　彼の
　'Zingt voor God, heel de aarde, looft zijn naam, maakt zijn lof heerlijk.'

御名の栄光をほめ歌え．栄光に賛美を添えよ．

3. Quethit gode, so　eiselika thing sint　　uuerk thina hero, an menigi crefti thinro
　　言う　　神　　かくも 恐ろしいもの　である　所業　貴方の主　～で 多量　力　貴方の
　　liegon sulun　　thi　fiunda thina.
　　偽る　～であろう 貴方に　敵　　貴方の

　'Zegt tot God: Hoe geducht zijn uw werken, Heer; vanwege uw machtige grootheid zullen uw vijanden u veinzend hulde brengen.'
　神に向かって歌え．「御業はいかに恐るべきものでしょう．御力は強く，敵はあなたに服します[82]．

4. Al　　ertha bede　thi　in　　singe thi,　lof quethe namin thinin.
　　すべての　地球　崇拝する 貴方に そして　歌う　貴方に　賛美 言う　　名前　貴方の

　'De hele aarde moge u aanbidden en u psalmezingen, moge uw naam loven'
　全地はあなたに向かってひれ伏し／あなたをほめ歌い／御名をほめ歌います」と．

5. Cumit in　　gesiet uuerk godis, egislikis an　　radon ouir　kint manno.
　　来る　そして 見る　　所業　　神　恐ろしい　～の中に　御心　～の上に 子　　人

　'Komt en ziet de daden van God, geducht in zijn doen jegens de mensenkinderen.'
　来て，神の御業を仰げ／人の子らになされた恐るべき御業を．

6. Thie　kierit seo an　thurrithon, an　　fluode ouirlithon solun　　mit fuoti,
　　彼(=神) 変える 海 ～に 乾燥　　～の中で 川　渡る　～であろう ～で 足
　　tha　　sulun　　uuir　blithan an　　imo.
　　だから ～であろう 私たち 喜ぶ　　～に　彼(=神)

　'Hij die de zee in het droge verandert, te voet zullen zij de rivier over-

---

[82]ラテン語原文に mentientur tibi inimici tui とあるように，原義は「貴方の敵は貴方に偽る」である．

第 2 章　言語史的側面

steken; daar zullen wij ons in hem verheugen.'
神は海を変えて乾いた地とされた．人は大河であったところを歩いて渡った．それゆえ，我らは神を喜び祝った．

7. Thie　uualdonde ist an crefte sinro teuuon[83], ougun sina ouir　thiade
　　彼(=神)支配する(istと) 〜で 力　彼の　永遠に　　目　彼の 〜の上に 人々
　　scauuuont, thia　uuitherstridunt ne uuerthint irhauan an sig seluan.
　　見る　　〜する人 背く　　　ない 〜だろう 高める 〜で 自分 自身
'die door zijn sterkte voor eeuwig heerst; zijn ogen slaan de volken gade; de weerspannigen zullen zich niet op zichzelf verheffen.'
神はとこしえに力強く支配し／御目は国々を見渡す．背く者は驕ることを許されない．

8. Geuuiet, thiadi, got unsa,　in　gehorda duot stemma louis sinis.
　　賞賛する　人々　神　私たちの そして 聞く　する 声　賛美　彼の
'Prijst, volken, onze God, en laat het geluid van zijn lof horen.'
諸国の民よ，我らの神を祝し／賛美の歌声を響かせよ．

9. Thie　satta sela mina te　liue, in　ne　gaf　an giruornussi fuoti mine.
　　彼(=神)おく 魂 私の　〜へ 生命 そして ない 与える 〜に 動き　　足 私の
'Hij die mijn ziel tot leven bracht, en niet toeliet dat mijn voeten wankelden.'
神は我らの魂に命を得させてくださる．我らの足がよろめくのを許されない．

この『詩篇』にはしばしばゲルマン語による語句注釈すなわちラテン語テキストをよりよく理解するために写本の行間や余白に書き込まれたコメントが数多く残っていて[84]，これが今日，私たちがフランク語を復元する際かな

---

[83]teuuon という語形は te euuon「永遠に」が縮約を起こした形である（te にはアクセントがおかれないため）．
[84]対応するラテン語原文は次の通りである．

— 53 —

り役に立つ．その他の文献としては，9-10世紀のヘント（Gent）のラテン語文書における低地フランク語の固有名詞を研究したマンション（G. Mansion）の『古ヘント固有名詞研究』（Oud-Gentsche Naamkunde）は最古のオランダ語に関する情報源として不可欠である．また例えば『サリ法典』（Lex Salica）のようなラテン語テキストに含まれている典型的なゲルマンの法概念を示す語彙はこれまた情報として有用である．

　さて全く別の視点からであるが，今日まで残された文献が少ないという事情を補うものとして，他言語で書かれた文学等の作品の翻訳文献が考えられる．確かにオリジナルな言語材ではないけれど逆にそれゆえに，元の言語と翻訳された言語とを対比できるという意味において，意義のある言語資料であるということができる．例えば代表的な文学作品の1つに『ニーベルンゲンの歌』（das Nibelungenlied）がある．これは中高ドイツ語の有名な叙事詩で，これがブラーバント（Brabant）方言に訳されて（1260-80年頃）現存している[85]．以下はその一節で，ブラーバント方言形（Brabantse vertaling）[86]・日本語[87]・中高ドイツ語（Wisniewski（1979）版 S. 171-2)・現代ドイツ語訳（Reclam版（Felix Genzmer訳）1965）の順に掲げる．

---

2. psalmum dicite nomini eius date gloriam laudi eius
3. dicite Deo quam terribilia sunt opera tua Domine in multitudine virtutis tuae mentientur tibi inimici tui
4. omnis terra adoret te et psallet te psalmum dicat nomini tuo
5. venite et videte opera Dei terribilis in consiliis super filios hominum
6. qui convertit mare in aridam in flumine pertransibunt pede ibi laetabimur in ipso
7. qui dominatur in virtute sua in aeternum oculi eius super gentes respiciciunt qui exasperant non exaltentur in semet ipsis
8. benedicite gentes Deum nostrum et auditam facite vocem laudis eius
9. qui posuit animam meam ad vitam et non dedit in commotionem pedes meos

[85]Gysseling, M.（1980）: *Corpus van middelnederlandse teksten*. Reihe II, Teil 1. 's- Gravenhage に収められている．併せて，
http://www.dbnl.org/tekst/kalf003midd01_01/kalf003midd01_01_0002.php および
http://www.dbnl.org/tekst/_vad004vade01_01/_vad004vade01_01_0001.php を参照した．
[86]ロンドンの大英博物館（hs. Egerton nr. 2323, bladen 1 en 2.）に所蔵されている．
[87]日本語訳として，相良守峯 訳『ニーベルンゲンの歌』（岩波文庫）1981, 283-285頁，および，岡崎忠弘 訳『ニーベルンゲンの歌』（渓水社）1989, 264-267頁を参考にした．

第2章 言語史的側面

ブラーバント方言

Daer en hadde hen niemen. die rechte mare gese[it][88]
Doer wat die edel here. verloren heft sijn lijf
Doe weende met crimelden. menechs porters wijf

何のためにジーフリトが命を失ったか，
この高貴な勇士の罪咎を彼らに語るものなどは誰一人なかった．
善良な市民の婦女は，宮廷の身分ある婦人たちとともに泣いた．

中高ドイツ語

Die Sîfrides schulde in niemen het geseit,
durch waz der edel recke   verlür den sînen lîp.
dô weinten mit den vrouwen   der guoten burgære wîp.

現代ドイツ語

Was Sigfrid verschuldet,   gab niemand ihnen Bescheid,
weshalb der edle Recke   Leben ließ und Leib.
Da weinte mit den Frauen   manches guten Kaufmanns Weib,

ブラーバント方言

Si dade smede halen. ende werken enen sarc.
Van selvre ende van goude. mekel ende starc
Doe dademenne spalken. met hardden stale goet
Doe was daer wel menech. die hadde droeuen moet;[89]

一同は鍛冶屋を急がせて，金と銀とで
大型の堅牢な柩をつくらせ，そのまわりに
立派な鋼鉄をもって，しっかりした帯金を打たせた．
すべての人々の心は，憂愁にとざされていた．

---

[88] この行の en は否定の不変化詞で，二重否定となっても単なる否定の意味を表わす．17世紀までは割とよく使われていた．
[89] daer は今日のオランダ語の er に相当する．

中高ドイツ語
von silber und von golde　vil michel unde starc
man hiez in vaste spengen　mit stahel, der was guot,
dô was allen liuten　harte trûrec der muot.

現代ドイツ語
Schmiede hieß man eilen　und machen einen Sarg
aus edelm Marmelsteine,　der war groß und stark.
Man ließ fest beschlagen　ihn mit Spangen gut.
Da war allen Leuten　schwer vor Treuer der Mut.

ブラーバント方言
Die nacht was vergangen. ende het begonste dagen
Doe hiet die edele urouwe. in die kerke dragen
Zegevrite den doeden. den here van nederland
Ay, wat men al urouwen. doe daer droeue vand

　　夜は過ぎ去った．黎明のときが告げられた．
　　そこで気高き妃は愛しい夫，国王ジーフリトの亡骸を
　　大聖堂へ運ぶように命じた．ゆかりのある一族郎党の武士は，
　　皆，泣きながら歩をすすめた．

中高ドイツ語
Diu naht was zergangen:　man sagte, ez wolde tagen.
dô hiez diu edel vrouwe　zuo dem münster tragen
Sîfriden den herren,　ir vil lieben man,
swaz er dâ vriunde hête,　die sach man weinende gân.

現代ドイツ語
Die Nacht war vergangen.　Man sagt, es wolle tagen.
Da hieß die edle Fraue　zu dem Münster tragen
Den hochgebornen Toten,　ihren lieben Mann.

第2章 言語史的側面

Wen zum Freund er hatte, den sah man weinen alsdann.

ブラーバント方言
Doe men brachte ter kerken. zegeur[it]e [d]ien here
Songen alle die papen. vter maten s[ere]
Doe quam die coninc guntheer. daer [te]n like geuaren
Ende Hagene quam met heme. dat secgic v te waren

彼らが遺骸を大聖堂に運んだ時，多くの鐘が鳴り響いた．
数限りない僧侶のミサを唱える声が四方に聞こえた．
やがてグンテル王をはじめ，獰猛なるハゲネも
家来たちとともに，愁嘆の場へとやって来た．

中高ドイツ語
Do si in zem münster brâhten, vil der glocken klanc.
dô hôrt' man allenthalben vil maniges pfaffen sanc.
dô kom der künic Gunther mit den sînen man
und ouch der grimme Hagene zuo dem wuofe gegan.

現代ドイツ語
Da man zum Münster ihn brachte, manche Glocke klang;
Man hörte von den Pfaffen gar lauten Gesang.
Auch der König Gunther mit seinen Mannen kam,
Mit ihm der grimme Hagen, wo man den Klageruf vernahm.

ブラーバント方言
Die coninc seide suster. ic mach wel drueue sijn
Dat ic dus hebbe uerloren. den lieuen swager mijn
Ghi ne doerftene niet clagen[90].

---

[90]前出の en と同じく，この行の en も否定の不変化詞で，二重否定となっても単なる否定の意味を表わしている．

王がいった，「いとしい妹よ，わしたちがこういう恐ろしい
災いを逃れるすべがなかったとは，わしはお前が不憫でならぬ．
わしたちはジーフリトのことを永久に嘆くであろう．」

中高ドイツ語

Er sprach: "vil liebiu swester, owê der leide dîn,
daz wir niht kunden âne　des grôzen schaden sîn.
wir müezen klagen immer　den Sîfrides lîp."

現代ドイツ語

Er sprach: "Vielliebe Schwester,　wehe des Leides dein!
Daß wir des Kummers konnten　nicht überhoben sein!
Wir müssen immer klagen　um des Helden Tod."

ブラーバント方言

Nu is mijn wel uaren. voerwert meer gedaen
Hier bi sal men die waerheit. harde wel uerstaen
Het es een groet wonder. doch eest dicke gesciet
Daermen den barsculdegen. bi den doeden siet

（みんなの眼の前で）柩のそばへ寄ってみせていただきましょう．
そうすればすぐに事の真偽が判明するのだから．
これはまことに不思議なことであるが，今でも度々その例が見られる．
殺人の血に汚れた者が死骸のそばに寄ると，

中高ドイツ語

der sol zuo der bâre　vor den liuten gên.
dâ bî mac man die wârheit　harte schiere verstên
Daz ist ein michel wunder,　vil dicke ez noch geschiht:
swâ man den mortmeilen　bî dem tôten siht,

第 2 章　言語史的側面

現代ドイツ語
an die Bahre, die heißet näher gehn,
daß wir die Wahrheit nun sehn!
Das ist ein großes Wunder, wie es noch heute geschieht:
wenn man den Mordbefleckten bei dem Totem sieht,

ブラーバント方言
Soe bloedt hi harde sere. op den seluen dach
Her Hagene wardt besculdecht. doe hi den here an sach
Die wonde bloedde doe. alsi dede eer
Doe mochtemen daer scouwen. een ongenoege seer.

傷口からまた血が流れ出るのである．この場合にも同じことが起こり，
殺人の罪はハゲネにあることが見て取れた．
傷口は殺害の時のように盛んに血を噴き出した．
前にいたく嘆いていた人々は，いっそう激しく咽び泣いた．

中高ドイツ語
sô bluotent im die wunden, als ouch dâ geschach.
dâ von man die schulde dâ ze Hagene gesach,
Die wunden vluzzen sêre, alsam si tâten ê.
die ê dâ sêre klageten, des wart nu michel mê.

現代ドイツ語
So bluten seine Wunden, wie es auch jetzt geschah,
wodurch die Schuld Hagens jedermann alsbald nun sah.
Wie sie zuvor es taten, die Wunden flossen sehr.
Die schon vorher klagten, das ward nun viel mehr.

ブラーバント方言
Doe sprac die coninc guntheer. ic wilt v doen verstaen
Het versloegene scakeren. hine heues niet gedaen

—59—

そのときグンテルがいった，「これはしかと言っておくが，
ジーフリトを殺したのは盗賊であって，ハゲネの仕業ではない.」

中高ドイツ語
dô sprach der künic Gunther: "ich wilz iuch wizzen lân:
in sluogen schâchære, Hagen hât es niht getân."

現代ドイツ語
Da sprach der König Gunther: "Das sage ich Euch an:
Ihn erschlugen Schächer; Hagen hat es nicht getan."

ブラーバント方言
Doe antwerdde crimelt. het es mi wel becant
God latene noch gewreken. siere uriende hant
Guntheer ende hagene. ghi hebbet beide gedaen[91]
Die mord seid si hen op. dat doe ic v verstaen

「その盗賊というのを，」彼女がいった，「よくわかっております.
神様のお計らいによって親戚の手でこの仇を報いたいものです.
グンテル王とハゲネ，お二人の仕業ですね.」
ジーフリトの郎等たちは，戦意に燃え立った.

中高ドイツ語
"Mir sint die schâchære", sprach si, "vil wol bekant.
nu lâz ez got errechen noch sîner vriunde hant.
Gunther und Hagene, jâ habt ir iz getân."
die Sîfrides degene heten dô gên strîte wân.

現代ドイツ語
Da sprach sie: "Diese Schächer sind mir wohlbekannt.

---

[91] ghi は人称代名詞 2 人称複数形「君たち」(独：ihr) である.

第 2 章　言語史的側面

Gott lasse es noch rächen　seiner Freunde Hand!
Gunther und Hagen,　ihr habt es getan."
Da wähnten Sigfrids Recken,　der Kampf höbe nunmehr an.

ブラーバント方言
Si doeghde in here herte. harde groete noet
Doe quamen dese twee heren. daer sine vonden doet
Geernoet here broeder. ende ghiseleer dat kint

だがクリエムヒルトがさらにいった．「さあ
私と一緒に悲しみを忍んでおくれ．」彼女の兄ゲールノートと，
年若い弟ギーゼルヘルの二人は，遺骸のそばへ進んでゆき，
真心こめて彼を悼み弔うた．

中高ドイツ語
Dô sprach aber Kriemhilt: "nu tragt mit mir die nôt."
dô kômen dise beide,　dâ si in funden tôt,
Gêrnôt ir bruoder　und Gîselher daz kint.

現代ドイツ語
Da sprach aber Kriemhild: "Nun tragt mit mir die Not!"
Da kamen diese beiden,　da sie ihn fanden tot,
Gernot, ihr Bruder,　und Giselher, das Kind

　同じく，1種の翻訳文献として，オランダ語史の内部でのことばの発展傾向を辿る作業に有用な資料として『聖書』がある．オランダ語で書かれた『聖書』の公的な版，つまり『国訳聖書』(Statenvertaling) の出現は17世紀のことなのだが，この『聖書』の登場には文化誌的な意味で時代状況が演出を果たしたといった側面がある．すなわち，印刷術の発明（15世紀末）および蘭訳聖書（16世紀前半～；『国約聖書 (Statenvertaling)』の完成は1630年代）の普及に伴って，オランダ語で書かれたテキストの需要が高まってきたのである．かつて知識人の言語であったラテン語が次第にオランダ語に地

『ニーベルンゲンの歌』写本[92]

位を譲っていくという流れの中，低地諸国ではフランス語とオランダ語が競合関係となった．この際にも印刷術が，オランダ語もまた自立した言語だと

---

[92]http://www.dbnl.org/tekst/_vad004vade01_01/_vad004vade01_01_0001.php による．

第 2 章 言語史的側面

みなされるのに果たした役割はかなり大きい．つまり，印刷術が書きことばの標準化に果たした役割は極めて重要であった．国の中の離れた地域で同じ書物が読まれるということになれば，スペルはもちろんのこと言語の平準化の試みは実際に必要なものであった．ブラーバント地方，とりわけアントワープが 1500 年以後，次第に低地諸国における印刷業の中心地となるにつれ，ブラーバント方言の語形が印刷物の標準となり（これは実に今日も未だ残っているのだが），この語形がいわゆる「文章語」(schrijftaal) とみなされる傾向がある．そして徐々に北部に印刷業の中心が移り（アムステルダムなどの）北ネーデルラント語の要素を取り入れつつ，オランダ語は，ヨーロッパのさまざまな個別言語の発展の中，1 文化言語としての地位を築いていくことになる．言語的な面ばかりでなく，宗教改革・ルネッサンス・80 年戦争（＝オランダ独立戦争，1568-1648 年）といった文化的・社会的要素を併せ考えてみても，15 世紀の終わりをもって「中世オランダ語」時代の終末とみなすことができよう．実際，1500 年頃にはまだ連続性が強く，近代オランダ語の特徴の多くが出そろったのは，16 世紀に入ってかなり後のことである．これから先の時代は低地諸国においてもヨーロッパ全体の大きな激動の中で捉えられる必要がある．つまり，低地諸国の経済・社会にも大きな変化がもたらされるのである．17 世紀にいわゆる「黄金時代」を迎え，続く 18 世紀はかつてないほどオランダ語の標準化に力が尽くされた時代である．このように時代の動きは言語にも多種多様な形で反映されていくことになる[93]．

さて，それでは以下，『国訳聖書』(Statenvertaling) の中から「1637 年版」（初版）およびその改定版である「1977 年版」につき，『新約聖書』・『旧約聖書』からそれぞれ 1 テキストずつ（おのおの「ヨハネによる福音書」と「出エジプト記」）を選び，それらを並行的に並べ見比べることにしよう．

『新約聖書』「ヨハネによる福音書」(1：1-34)

各節の 1 文目：日本語（新共同訳）
2 文目：国約聖書 (Statenvertaling) 1637 年版[94]
3 文目：国約聖書 (Statenvertaling) 1977 年版[95]

---

[93] ドナルドソン (Donaldson 1999) を参照のこと．
[94] © Nicoline van der Sijs
[95] © 1977 Nederlands Bijbelgenootschap

1 「初めに言があった．言は神と共にあった．言は神であった．」
　　1637年版：INDEN beginne was het Woort, ende het Woort was by Godt, ende het Woort was Godt.
　　　　　　（inden ＝in den，ende ＝en「そして」）
　　1977年版：In den beginne was het Woord, en het Woord was bij God, en het Woord was God.

2 「この言は，初めに神と共にあった．」
　　1637年版：Dit was in den beginne by Godt.
　　　　　　（Dit：この言）
　　1977年版：Dit was in den beginne bij God.

3 「万物は言によって成った．成ったもので，言によらずに成ったものは何一つなかった．」
　　1637年版：Alle dingen zijn door het selve gemaeckt, ende sonder het selve en is geen dinck gemaekt, dat gemaeckt is.
　　　　　　（het selve：「言」，en：否定の不変化詞＜二重否定となっても単なる否定の意味，17世紀まで使われた＞，dat：geen dinck を先行詞とする関係文を導く）
　　1977年版：Alle dingen zijn door Hetzelve gemaakt, en zonder Hetzelve is geen ding gemaakt, dat gemaakt is.

4 「言の内に命があった．命は人間を照らす光であった．」
　　1637年版：In het selve was het leven, ende het leven was het licht der menschen.
　　　　　　（der：定冠詞複数属格の格変化の名残 ＝van de）
　　1977年版：In Hetzelve was het Leven, en het Leven was het Licht der mensen.

5 「光は暗闇の中で輝いている．暗闇は光を理解しなかった．」
　　1637年版：Ende het licht schijnt in de duysternisse, ende de duysternisse en heeft het selve niet begrepen.

第2章　言語史的側面

　　　　　(het selve：「光」，en：否定の不変化詞＜二重否定となっても単なる否定の意味＞)
　　　1977年版：En het Licht schijnt in de duisternis, en de duisternis heeft het niet begrepen.

6　「神から遣わされた一人の人がいた．その名はヨハネである．」
　　　1637年版：Daer was een mensche van Godt gesonden, wiens name was Ioannes.
　　　　　(wiens：een mensche を先行詞とする関係代名詞の属格＜英：whose＞)
　　　1977年版：Er was een mens door God gezonden, wiens naam was Johannes.

7　「彼は証しをするために来た．光について証しをするため，また，すべての人が彼によって信じるようになるためである．」
　　　1637年版：Dese quam tot een getuygenisse, om van het licht te getuygen, op dat sy alle door hem gelooven souden.
　　　　　(op dat ＝opdat「～するために」)
　　　1977年版：Deze kwam tot een getuigenis, om van het Licht te getuigen, opdat zij allen door hem geloven zouden.

8　「彼は光ではなく，光について証しをするために来た．」
　　　1637年版：Hy en was het licht niet, maer [was gesonden] op dat hy van het licht getuygen soude.
　　　　　(en：否定の不変化詞＜二重否定となっても単なる否定の意味＞，op dat ＝opdat「～するために」)
　　　1977年版：Hij was het Licht niet, maar was gezonden, opdat hij van het Licht getuigen zou.

9　「その光は，まことの光で，世に来てすべての人を照らすのである．」
　　　1637年版：[Dit] was het waerachtige licht, 't welck verlicht een yegelick mensche komende in de werelt.

('t welck ＝ 関係代名詞 hetwelk「そしてそのこと」＜英：which＞），yegelick：「おのおのの」，komende in de werelt：原文のギリシア語でも ερχομενον εις τον κοσμον「この世に来て」というふうに分詞構文になっている）

1977 年版：Dit was het waarachtige Licht, Hetwelk verlicht een ieder mens, komende in de wereld.

10 「言は世にあった．世は言によって成ったが，世は言を認めなかった．」
1637 年版：Hy was in de werelt, ende de werelt is door hem gemaeckt: ende de werelt en heeft hem niet gekent.
（hy, hem：言，en：否定の不変化詞＜二重否定となっても単なる否定の意味＞）
1977 年版：Hij was in de wereld, en de wereld is door Hem gemaakt; en de wereld heeft Hem niet gekend.

11 「言は，自分の民のところへ来たが，民は受け入れなかった．」
1637 年版：Hy is gekomen tot het sijne, ende de sijne en hebben hem niet aengenomen.
（en：否定の不変化詞＜二重否定となっても単なる否定の意味＞）
1977 年版：Hij is gekomen tot het Zijne, en de Zijnen hebben Hem niet aangenomen.

12 「しかし，言は，自分を受け入れた人，その名を信じる人々には神の子となる資格を与えた．」
1637 年版：Maer soo vele hem aengenomen hebben, dien heeft hy macht gegeven kinderen Godts te worden, [namelick] die in sijnen name gelooven.
（soo vele：「言を受け入れたところの」の先行詞，より具体的には die in sijnen name gelooven「その名を信じるところの」というように改めて言い直されている．macht：kinderen Godts te worden「神の子となる」を受ける）

1977年版：Maar zovelen Hem aangenomen hebben, die heeft Hij macht gegeven kinderen Gods te worden, namelijk die in Zijn Naam geloven;

13 「この人々は，血によってではなく，肉の欲によってではなく，人の欲によってでもなく，神によって生まれたのである．」
　　1637年版：Welcke niet uyt den bloede, noch uyt den wille des vleeschs, noch uyt den wille des mans, maer uyt Godt geboren sijn.
　　（welcke：＝die，関係代名詞複数主格，noch：否定の繰り返し）
　　1977年版：Die niet uit den bloede, noch uit de wil des vleses, noch uit de wil des mans, maar uit God geboren zijn.

14 「言は肉となって，わたしたちの間に宿られた．わたしたちはその栄光を見た．それは父の独り子としての栄光であって，恵みと真理とに満ちていた．」
　　1637年版：Ende het Woort is vleesch geworden, ende heeft onder ons gewoont（ende wy hebben sijne heerlickheyt aenschouwt, eene heerlickheyt als des eenichgeboren van den Vader）vol van genade ende waerheyt.
　　（des：＝van de「〜の」）
　　1977年版：En het Woord is vlees geworden, en heeft onder ons gewoond（en wij hebben Zijn heerlijkheid aanschouwd, een heerlijkheid als van de Eniggeborene van de Vader), vol van genade en waarheid.

15 「ヨハネは，この方について証しをし，声を張り上げて言った．『わたしの後から来られる方は，わたしより優れている．わたしよりも先におられたからである』とわたしが言ったのは，この方のことである．」」
　　1637年版：Ioannes getuyght van hem, ende heeft geroepen, seggende: Dese was 't van welcken ick seyde, die na my komt,

is voor my geworden, want hy was eer dan ick.
(van welcken：＝van wie「～（人）について」，eer：「より早く」)

1977年版：Johannes getuigt van Hem, en heeft geroepen, zeggende: Deze was het, van Wie ik zeide: Die na mij komt, is vóór mij geworden, want Hij was eer dan ik.

16 「わたしたちは皆，この方の満ちあふれる豊かさの中から，恵みの上に，更に恵みを受けた．」

1637年版：Ende uyt sijne volheyt hebben wy alle ontfangen, oock genade voor genade.

1977年版：En uit Zijn volheid hebben wij allen ontvangen, ook genade voor genade.

17 「律法はモーセを通して与えられたが，恵みと真理はイエス・キリストを通して現れたからである．」

1637年版：Want de Wet is door Mosem gegeven, de genade ende de waerheyt is door Iesum Christum geworden.
(worden：「生じる」)

1977年版：Want de wet is door Mozes gegeven, de genade en de waarheid is door Jezus Christus geworden.

18 「いまだかつて，神を見た者はいない．父のふところにいる独り子である神，この方が神を示されたのである．」

1637年版：Niemant en heeft oyt Godt gesien: de eenichgeboren Sone, die in den schoot des Vaders is, die heeft [hem ons] verklaert.
(en：否定の不変化詞＜二重否定となっていても単なる否定の意味＞, die：de Sone「息子」を先行詞とする関係文, schoot：「（父の）ふところ（にいる）」とは父のひとり子という特別な関係を示したヨハネ的表現)

1977年版：Niemand heeft ooit God gezien; de eniggeboren Zoon, Die

第2章　言語史的側面

in de schoot des Vaders is, Die heeft Hem ons verklaard.

19 「さて，ヨハネの証しはこうである．エルサレムのユダヤ人たちが，祭司やレビ人たちをヨハネのもとへ遣わして，『あなたは，どなたですか』と質問させたとき，」

　　1637年版：Ende dit is het getuygenisse Ioannis, doe de Ioden [eenige] Priesters ende Leviten afsonden van Ierusalem, op dat sy hem souden vragen: Wie zijt ghy?
　　　（doe：＝toen「～した時」，op dat＝opdat）
　　1977年版：En dit is het getuigenis van Johannes, toen de Joden enige priesters en Levieten afzonden van Jeruzalem, opdat zij hem zouden vragen: Wie zijt gij?

20 「彼は公言して隠さず，『わたしはメシアではない』と言い表した．」

　　1637年版：Ende hy beleedt, ende en loochende het niet: ende beleedt, Ick en ben de Christus niet.
　　　（en：否定の不変化詞＜二重否定となっていても単なる否定の意味＞）
　　1977年版：En hij beleed en loochende het niet; en beleed: Ik ben de Christus niet.

21 「彼らがまた，『では何ですか．あなたはエリヤですか』と尋ねると，ヨハネは，『違う』と言った．更に，『あなたは，あの預言者なのですか』と尋ねると，『そうではない』と答えた．」

　　1637年版：Ende sy vraeghden hem: Wat dan? Zijt ghy Elias? Ende hy seyde, Ick en ben [die] niet: Zijt ghy den Propheet? Ende hy antwoordde, Neen.
　　　（neen：neeの古形，Elias：「エリヤ（紀元前9世紀頃の預言者）」，en：否定の不変化詞＜二重否定となっていても単なる否定の意味＞）
　　1977年版：En zij vroegen hem: Wat dan? Zijt gij Elía? En hij zeide: Ik ben die niet. Zijt gij de profeet? En hij antwoordde: Neen.

22 「そこで，彼らは言った．『それではいったい，だれなのです．わたしたちを遣わした人々に返事をしなければなりません．あなたは自分を何だと言うのですか．』」

 1637年版：Sy seyden dan tot hem: Wie zijt ghy? op dat wy antwoorde geven mogen den genen, die ons gesonden hebben: Wat seght ghy van u selven?

  （op dat ＝opdat，die：den genen「～したところの人々（に）」を先行詞とする関係文）

 1977年版：Zij zeiden dan tot hem: Wie zijt gij? opdat wij antwoord geven mogen aan hen, die ons gezonden hebben; wat zegt gij van uzelf?

23 「ヨハネは，預言者イザヤの言葉を用いて言った．『わたしは荒れ野で叫ぶ声である．〝主の道をまっすぐにせよ〟，と．』」

 1637年版：Hy seyde: Ick ben de stemme des roependen in de woestijne: Maeckt den wegh des Heeren recht, gelijck Esaias de Propheet gesproken heeft.

  （gelijck：＝gelijk「～したように」）

 1977年版：Hij zeide: Ik ben de stem des roependen in de woestijn: Maakt de weg des Heeren recht, gelijk Jesaja, de profeet, gesproken heeft.

24 「遣わされた人たちはファリサイ派に属していた．」

 1637年版：Ende de afgesondene waren uyt de Phariseen.

 1977年版：En de afgezondenen waren uit de Farizeeën;

25 「彼らがヨハネに尋ねて，『あなたはメシアでも，エリヤでも，またあの預言者でもないのに，なぜ，洗礼を授けるのですか』と言うと，」

 1637年版：Ende sy vraeghden hem ende spraken tot hem: Waerom doopt ghy dan, so ghy de Christus niet en zijt, noch Elias, noch de Propheet?

  （so：＝zo「もし～ならば」，noch：否定の繰り返し）

第2章　言語史的側面

　　1977年版：En zij vroegen hem en spraken tot hem: Waarom doopt gij dan, zo gij de Christus niet zijt, noch Elía, noch de profeet?

26 「ヨハネは答えた．『わたしは水で洗礼を授けるが，あなたがたの中には，あなたがたの知らない方がおられる．
　　1637年版：Ioannes antwoordde haer, seggende, Ick doope met Water, maer hy staet midden onder u-lieden, dien ghy niet en kent.
　　　　　　　(haer:＝hun「彼らに」．lieden：「人々（独:Leute）」．dien（＝die）：hy「彼」を先行詞とする関係文．en：否定の不変化詞＜二重否定となっていても単なる否定の意味＞)
　　1977年版：Johannes antwoordde hun, zeggende: Ik doop met water, maar Hij staat midden onder u, Die gij niet kent;

27 「その人はわたしの後から来られる方で，わたしはその履物のひもを解く資格もない．』」
　　1637年版：Deselve ist die na my komt, welcke voor my geworden is, wien ick niet weerdigh en ben dat ick sijnen schoen-riem soude ontbinden.
　　　　　　　(welcke（＝die）：関係代名詞，wien（＝wie）：関係代名詞，weerdigh（＝waardig）：dat以下の内容に「値する・ふさわしい」)
　　1977年版：Deze is het, Die na mij komt, Die vóór mij geworden is, Wie ik niet waardig ben, dat ik Zijn schoenriem zou ontbinden.

28 「これは，ヨハネが洗礼を授けていたヨルダン川の向こう側，ベタニアでの出来事であった．」
　　1637年版：Dese dingen zijn geschiet in Bethabara over den Iordaen, daer Ioannes was doopende.
　　　　　　　(geschiet（＝geschied）：過去分詞「起こった」．daer：関係副詞「～で（＝waar）」．Ioannes was doopende：英語の

－71－

現在進行形のような語形であるが，これはギリシア語原文の ην（was）ο（the）ιωαννης（John）βαπτιζων（baptizing）と全く同じである）

1977年版：Deze dingen zijn geschied in Bethábara, over de Jordaan, waar Johannes was dopende.

29 「その翌日，ヨハネは，自分の方へイエスが来られるのを見て言った．『見よ，世の罪を取り除く神の小羊だ．」

1637年版：Des sagh Ioannes Iesum tot hem komende, ende seyde, Siet het lam Godts, dat de sonde der werelt wech neemt.
（des anderen daeghs：副詞的2格「〜に」．hem：すぐ下の1977年版では zich「自分」で表現されている．sagh：「〜が−するのを見る」の「−する」の部分はギリシア語原文でも現在分詞になっている．wech neemt：1977年版では wegneemt と1語書きされている）

1977年版：Des anderen daags zag Johannes Jezus tot zich komende, en zeide: Zie, het Lam Gods, Dat de zonde der wereld wegneemt!

30 「"わたしの後から一人の人が来られる．その方はわたしにまさる．わたしよりも先におられたからである"とわたしが言ったのは，この方のことである．」

1637年版：Dese is't van welcken ick geseght hebbe: Na my komt een man die, die voor my geworden is, want hy was eer dan ick.
（van welcken：=van wie「〜（人）について」．die：関係代名詞が二重に使われている．eer：「より早く」）

1977年版：Deze is het, van Wie ik gezegd heb: Na mij komt een Man, Die vóór mij geworden is, want Hij was eer dan ik.

31 「わたしはこの方を知らなかった．しかし，この方がイスラエルに現れるために，わたしは，来た．』」

第 2 章　言語史的側面

1637 年版：Ende ick en kende hem niet: maer op dat hy aen Israël soude geopenbaert worden, daerom ben ick gekomen doopende met het water.
　　　　　（en：否定の不変化詞＜二重否定となっていても単なる否定の意味＞，op dat ＝opdat「～するために」，geopenbaert worden：「啓示を受ける」，doopende met het water：「水で洗礼を授けに」の動詞の部分はギリシア語原文でも現在分詞になっている＜33 節の「聖霊による洗礼」を参照＞）

1977 年版：En ik kende Hem niet; maar opdat Hij aan Israël zou geopenbaard worden, daarom ben ik gekomen, dopende met het water.

32 「そしてヨハネは証（あか）しした．『わたしは，"霊"が鳩のように天から降って，この方の上にとどまるのを見た．」

1637 年版：Ende Ioannes getuyghde, seggende, Ick hebbe den Geest gesien neder dalen uyt den hemel, gelijck een duyve, ende bleef op hem.
　　　　　（seggende：「言う」の部分はギリシア語原文でも現在分詞になっている，neder-dalen：「下へ・下がる」，gelijck：＝gelijk「～のように」）

1977 年版：En Johannes getuigde, zeggende: Ik heb de Geest zien neerdalen uit de hemel, gelijk een duif, en bleef op Hem.

33 「わたしはこの方を知らなかった．しかし，水で洗礼を授けるためにわたしをお遣わしになった方が，＜"霊"が降って，ある人にとどまるのを見たら，その人が，聖霊によって洗礼を授ける人である＞とわたしに言われた．」

1637 年版：Ende ick en kende hem niet, maer die my gesonden heeft om te doopen met water, die hadde my geseght, op welcken ghy sult den Geest sien neder-dalen, ende op hem blijven, dese is' t die met den heyligen Geest doopt.
　　　　　（en：否定の不変化詞＜二重否定となっていても単なる否

― 73 ―

定の意味＞，die：「～するところの人」＜先行詞を含み込んだ関係代名詞＞，om te～：「～するために」，op welcken：=op wie「～（人）の上に」，met den heyligen Geest：「聖霊で」）

1977年版：En ik kende Hem niet; maar Die mij gezonden heeft, om te dopen met water, Die had mij gezegd: Op Wie gij de Geest zult zien neerdalen, en op Hem blijven, Deze is het, Die met de Heilige Geest doopt.

34 「わたしはそれを見た．だから，この方こそ神の子であると証（あか）ししたのである．』」

1637年版：Ende ick hebbe gesien, ende hebbe getuyght, dat dese de Sone Godts is.

1977年版：En ik heb gezien, en heb getuigd, dat Deze de Zoon van God is.

以上ここに挙げた「ヨハネによる福音書」は，「初めに言（ロゴス）があった．言は神と共にあった．言は神であった」という有名なプロローグで始まる[96]．このプロローグでは，イエスが肉をとってこの地上に来た「神の言」であり，命と光とをその本質とし，周囲の世界にはたらきかけていることが述べられている．このプロローグの部分は，もちろん本来の福音書（第1章19節～第20章30節）の内容を指し示しつつも，イエスが人間となった神の「言」であること，および，イエスが恵みとまことに満ちた神の啓示者であることをうたっている[97]．イエスという語ではなく，ロゴス（言）という用語を用いて思想を展開させ，読者に深い印象を与えながら，緊張のうちに福音書に目を向けさせようという意図が感じられる[98]．

---

[96] 『旧約聖書』の「創世記」では，天地の創造が初めから存在している神により，すべてのものに先立って最初になされたことが記されている．これと同様に，「ヨハネによる福音書」でも，「言」が初めから実存していて，その次に「言」によって万物が創造されたということが言い表わされている．

[97] H.H. ハーレイ（³2003）『聖書ハンドブック』（聖書図書刊行会），山谷・高柳・小川（³⁸1995）『新約聖書略解』（日本基督教団出版局）など．

第2章　言語史的側面

　一方,『新約聖書』の中の「ルカ福音書」(24：27)・「ヨハネ福音書」(5：46)には, かつてモーセが『旧約聖書』のある部分を書いたと記されている. これは, モーセが神の聖霊に導かれて『旧約聖書』の最初の5書を執筆したことを示していて, この「モーセ5書」[99]の2番目が「出エジプト記」に当たる.「出エジプト記」という名前は「出発」を意味するギリシア語"エクソドス"からとられている. というのも,「出エジプト記」の主題は, 神がどのようにしてご自身の民を奴隷の状態から解放し彼らをエジプトから導き出したかであるからである. イスラエル人はエジプトでの長い奴隷生活（紀元前1800～1400年頃）の間, カナンの地がいつの日にか自分たちの居住するところとなるという神の約束を固く心に信じていたのである[100].

　ここで引用する第20章は「十戒」で有名な箇所である. ここに至るまでの部分では, 神の民が奴隷の身分から自由にされ（第1～13章）, この民がエジプトを去る場面が描写され（第13～18章）, さて神がいよいよ民の守るべき戒律（10からなる）, その他の律法をお与えになるという場面である（第19～24章）. 第20章の内容とは,

①あなたには, 私の他に, 他の神々があってはならない.
②あなたは, 自分のために偶像を造ってはならない.
③あなたは, あなたの神の御名をみだりに唱えてはならない.
④安息日を覚えて, これを聖なる日とせよ.
⑤あなたの父と母を敬え.
⑥殺してはならない.
⑦姦淫してはならない.

---

[98]「ヨハネによる福音書」でいうロゴスは, 単なる哲学的・神学的・神話的思想のことではなく, 神的人格者であって, 神の特質を具備した神の啓示者である. その存在とは神と本質を同じくし, 神の「言」として神を表わすものである. そして, 神と同様に「初めに」すなわち万物に先立ち, 時の流れもまだ始まらない太初原始から実在していた. なお, ロゴスの本質として「命」と「光」とが挙げられている（1：4「言の内に命があった. 命は人間を照らす光であった」）が, 命と光は, 万物の, したがって人間の本源的要素であり,「ヨハネによる福音書」でもこの両語は繰り返し用いられている.
[99]「創世記」・「出エジプト記」・「レビ記」・「民数記」・「申命記」のことを指す.
[100] H.H. ハーレイ（[3]2003）『聖書ハンドブック』（聖書図書刊行会）, 山谷・高柳・小川（[38]1995）『新約聖書略解』（日本基督教団出版局）など.

⑧盗んではならない．
⑨あなたの隣人に対し偽りの証言をしてはならない．
⑩あなたの隣人の家を欲しがってはならない．

というもので，これらの戒めは雷鳴と地震および角笛の音のうちに山から語り出された．直接に神ご自身の御口から語られ，後に石板の両面に刻まれたものである．「十戒」は律法の基本であり，これをイエスは圧縮し「心を尽くし思いを尽くし知性を尽くし力を尽くして，あなたの神である主を愛せよ．またあなたの隣人をあなた自身のように愛せよ」と述べている．

『旧約聖書』（「出エジプト記」20：1-21）

各節の1文目：日本語（新共同訳）
2文目：国約聖書（Statenvertaling）1637年版[101]
3文目：国約聖書（Statenvertaling）1977年版[102]
4文目：国約聖書（Statenvertaling）2007年版[103]

1 「神はこれらすべての言葉を告げられた．」
　　1637年版：DOe sprack Godt alle dese woorden, seggende:
　　　　　　（doe：＝toen「そして・その時」，seggende：「言う」の部
　　　　　　　分はギリシア語原文でも現在分詞になっている）
　　1977年版：Toen sprak God al deze woorden, zeggende:
　　2007年版：Toen sprak God deze woorden:

2 「『わたしは主，あなたの神，あなたをエジプトの国，奴隷の家から導き出した神である．』」
　　1637年版：Ick ben de HEERE uwe Godt, die u uyt Egyptenlant, uyt
　　　　　　　den diensthuyse, uytgeleydt hebbe:
　　　　　　（die：Godt「神」を先行詞とする関係文を導く関係代名詞）
　　1977年版：Ik ben de HEERE uw God, Die u uit Egypteland, uit het

---

[101] © Nicoline van der Sijs
[102] © 1977-2007 Nederlands Bijbelgenootschap
[103] © 1977-2007 Nederlands Bijbelgenootschap

diensthuis, uitgeleid heb.
2007 年版： 'Ik ben de HEER, uw God, die u uit Egypte, uit de slavernij, heeft bevrijd.
（この版だけが関係文の文末で＜助動詞 heeft ＋動詞 bevrijd＞の語順になっている）

3 「あなたには，わたしをおいてほかに神があってはならない．」
1637 年版：Ghy en sult geen andere Goden voor mijn aengesichte hebben.
（en：否定の不変化詞＜二重否定となっていても単なる否定の意味＞，voor mijn aengesichte：「私の面前で」）
1977 年版：Gij zult geen andere goden voor Mijn aangezicht hebben.
2007 年版：Vereer naast mij geen andere goden.
（vereer：上の2つの版のように hebben「持つ」ではなく vereren「崇拝する」と具体的な記述となっている）

4 「あなたはいかなる像も造ってはならない．上は天にあり，下は地にあり，また地の下の水の中にある，いかなるものの形も造ってはならない．」
1637 年版：Ghy en sult u geen gesneden beelt, noch eenige gelijckenisse maken, [van't gene] dat boven in den hemel is, noch [van't gene] dat onder op der aerde is: noch [van't gene] dat in de wateren onder der aerde is.
（en：否定の不変化詞＜二重否定となっていても単なる否定の意味＞，noch：否定の繰り返し，dat：以下の3文を導く関係代名詞）
1977 年版：Gij zult u geen gesneden beeld, noch enige gelijkenis maken, van wat boven in de hemel is, noch van wat onder op de aarde is, noch van wat in de wateren onder de aarde is.
2007 年版：Maak geen godenbeelden, geen enkele afbeelding van iets dat in de hemel hier boven is of van iets beneden op de aarde of in het water onder de aarde.

5 「あなたはそれらに向かってひれ伏したり，それらに仕えたりしてはならない．わたしは主，あなたの神．わたしは熱情の神である．わたしを否む者には，父祖の罪を子孫に三代，四代までも問うが，」

1637年版：Ghy en sult u voor die niet buygen, noch haer dienen: want ick de HEERE uwe Godt ben een yverich Godt, die de misdaet der vaderen besoecke aen de kinderen, aen het derde, ende aen het vierde [lidt] der gener die my haten.
(en：否定の不変化詞＜二重否定となっていても単なる否定の意味＞，noch：否定の繰り返し，de HEERE uwe Godt：ick「私が」と同格，die：Godt「神」を先行詞とする関係代名詞，der gener：「～する者の」)

1977年版：Gij zult u voor die niet buigen, noch hen dienen; want Ik, de HEERE uw God, ben een naijverig God, Die de misdaad der vaderen bezoek aan de kinderen, aan het derde, en aan het vierde geslacht van hen, die Mij haten;

2007年版：Kniel voor zulke beelden niet neer, vereer ze niet, want ik, de HEER, uw God, duld geen andere goden naast mij. Voor de schuld van de ouders laat ik de kinderen boeten, en ook het derde geslacht en het vierde, wanneer ze mij haten;

6 「わたしを愛し，わたしの戒めを守る者には，幾千代にも及ぶ慈しみを与える．」

1637年版：Ende doe barmherticheyt aen duysenden, der gener die my lief-hebben, ende mijne geboden onderhouden.
(der gener：「～する者の」)

1977年版：En doe barmhartigheid aan duizenden van hen, die Mij lief-hebben, en Mijn geboden onderhouden.

2007年版：maar als ze mij liefhebben en doen wat ik gebied, bewijs ik hun mijn liefde tot in het duizendste geslacht.

7 「あなたの神，主の名をみだりに唱えてはならない．みだりにその名を

第2章　言語史的側面

唱える者を主は罰せずにはおかれない。」
1637年版：Ghy en sult den name des HEEREN uwes Godts niet ydelick gebruycken: want de HEERE en sal niet onschuldich houden, die sijnen name ydelick gebruyckt.
（en：否定の不変化詞＜二重否定となっていても単なる否定の意味＞, die：先行詞を含み込んだ関係代名詞「～する者」）
1977年版：Gij zult de Naam van de HEERE uw God niet ijdel gebruiken; want de HEERE zal niet onschuldig houden, die Zijn Naam ijdel gebruikt.
2007年版：Misbruik de naam van de HEER, uw God, niet, want wie zijn naam misbruikt laat hij niet vrijuit gaan.
（wie：先行詞を含み込んだ関係代名詞「～する者」）

8　「安息日を心に留め、これを聖別せよ。」
1637年版：Gedenckt des Sabbath-daegs, dat ghy dien heyliget,
1977年版：Gedenkt de sabbatdag, dat gij die heiligt.
2007年版：Houd de sabbat in ere, het is een heilige dag.

9　「六日の間働いて、何であれあなたの仕事をし、」
1637年版：Ses dagen sult ghy arbeyden ende al u werck doen.
1977年版：Zes dagen zult gij arbeiden en al uw werk doen;
2007年版：Zes dagen lang kunt u werken en al uw arbeid verrichten,

10　「七日目は、あなたの神、主の安息日であるから、いかなる仕事もしてはならない。あなたも、息子も、娘も、男女の奴隷も、家畜も、あなたの町の門の中に寄留する人々も同様である。」
1637年版：Maer de sevende dach is de Sabbath des HEEREN uwes Godts: [dan] en sult ghy geen werck doen, ghy, noch uw' sone, noch uwe dochter, [noch] uw' dienst-knecht, noch uwe dienst-maegt, noch u vee, noch uwe vreemdelinck, die in uwe poorten is.

(sabbath:「安息日」＜ヘブライ語起源＞, en:否定の不変化詞＜二重否定となっていても単なる否定の意味＞, noch:否定の繰り返し)

1977年版:Maar de zevende dag is de sabbat van de HEERE uw God; dan zult gij geen werk doen, gij, noch uw zoon, noch uw dochter, noch uw dienstknecht, noch uw dienstmaagd, noch uw vee, noch uw vreemdeling, die in uw poorten is;

2007年版:maar de zevende dag is een rustdag, die gewijd is aan de HEER, uw God; dan mag u niet werken. Dat geldt voor u, voor uw zonen en dochters, voor uw slaven en slavinnen, voor uw vee, en ook voor vreemdelingen die bij u in de stad wonen.

(gewijd:「神に捧げられた」＜関係代名詞 die に導かれ従属文になっている＞)

11 「六日の間に主は天と地と海とそこにあるすべてのものを造り，七日目に休まれたから，主は安息日を祝福して聖別されたのである。」

1637年版:Want in ses dagen heeft de HEERE den hemel, ende de aerde gemaeckt, de Zee, ende alles wat daer in is, ende hy rustte ten sevenden dage: daerom segende de HEERE den Sabbath-dach, ende heyligde den selven.

(ten:前置詞 te と定冠詞 den の融合形，den selven:「その同じ日を」)

1977年版:Want in zes dagen heeft de HEERE de hemel en de aarde gemaakt, de zee en al wat daarin is, en Hij rustte ten zevenden dage; daarom zegende de HEERE de sabbatdag, en heiligde die.

2007年版:Want in zes dagen heeft de HEER de hemel en de aarde gemaakt, en de zee met alles wat er leeft, en op de zevende dag rustte hij. Daarom heeft de HEER de sabbat gezegend en heilig verklaard.

第 2 章　言語史的側面

12 「あなたの父母を敬え．そうすればあなたは，あなたの神，主が与えられる土地に長く生きることができる．」
   1637 年版：Eert uwen vader ende uwe moeder, op dat uwe dagen verlengt worden in den lande dat u de HEERE uwe Godt geeft.
   　　　　（op dat：=opdat「～するために」, u：「あなたに」＜与格＞）
   1977 年版：Eert uw vader en uw moeder, opdat uw dagen verlengd worden in het Land, dat u de HEERE uw God geeft.
   2007 年版：Toon eerbied voor uw vader en uw moeder. Dan wordt u gezegend met een lang leven in het land dat de HEER, uw God, u geven zal.

13 「殺してはならない．」
   1637 年版：Ghy en sult niet dootslaen.
   　　　　（en：否定の不変化詞＜二重否定となっていても単なる否定の意味＞）
   1977 年版：Gij zult niet doodslaan.
   2007 年版：Pleeg geen moord.

14 「姦淫してはならない．」
   1637 年版：Ghy en sult niet echt-breken.
   　　　　（en：否定の不変化詞＜二重否定となっていても単なる否定の意味＞）
   1977 年版：Gij zult niet echtbreken.
   2007 年版：Pleeg geen overspel.

15 「盗んではならない．」
   1637 年版：Ghy en sult niet stelen.
   　　　　（en：否定の不変化詞＜二重否定となっていても単なる否定の意味＞）
   1977 年版：Gij zult niet stelen.
   2007 年版：Steel niet.

16 「隣人に関して偽証してはならない．」
   1637 年版：Ghy en sult geen valsche getuygenisse spreken tegen uwen naesten.
   （en：否定の不変化詞＜二重否定となっていても単なる否定の意味＞）
   1977 年版：Gij zult geen valse getuigenis spreken tegen uw naaste.
   2007 年版：Leg over een ander geen vals getuigenis af.

17 「隣人の家を欲してはならない．隣人の妻，男女の奴隷，牛，ろばなど隣人のものを一切欲してはならない．』」
   1637 年版：Ghy en sult niet begeeren uwes naesten huys: ghy en sult niet begeeren uwes naesten wijf, noch sijnen dienstknecht, noch sijne dienst-maecht, noch sijne osse, noch sijnen esel, noch yet dat uwes naesten is.
   （en：否定の不変化詞＜二重否定となっていても単なる否定の意味＞，noch：否定の繰り返し，yet：「何か」）
   1977 年版：Gij zult niet begeren het huis van uw naaste; gij zult niet begeren de vrouw van uw naaste; noch zijn dienstknecht, noch zijn dienstmaagd, noch zijn os, noch zijn ezel, noch iets, dat van uw naaste is.
   2007 年版：Zet uw zinnen niet op het huis van een ander, en evenmin op zijn vrouw, op zijn slaaf, zijn slavin, zijn rund of zijn ezel, of wat hem ook maar toebehoort.'

18 「民全員は，雷鳴がとどろき，稲妻が光り，角笛の音が鳴り響いて，山が煙に包まれる有様を見た．民は見て恐れ，遠く離れて立ち，」
   1637 年版：Ende al het volck sach de donderen, ende de blixemen, ende het geluyt der basuyne, ende den roockenden berch: doe't volck sulcx sach, weken sy af, ende stonden van verre.
   （der：定冠詞の女性単数属格形，doe：＝toen「～した時」，sulcx：「そのようなもの」）

第 2 章　言語史的側面

1977 年版：En al het volk zag de donderen, en de bliksemen, en het geluid van de bazuin, en de rokende berg; toen het volk dat zag, weken zij af, en stonden van verre.

2007 年版：Heel het volk was getuige van de donderslagen en lichtflitsen, het schallen van de ramshoorn en de rook die uit de berg kwam. Bij die aanblik deinsden ze achteruit, en ze bleven op grote afstand staan.

19　「モーセに言った．『あなたがわたしたちに語ってください．わたしたちは聞きます．神がわたしたちにお語りにならないようにしてください．そうでないと，わたしたちは死んでしまいます．』」

1637 年版：Ende sy seyden tot Mose, Spreeckt ghy met ons, ende wy sullen hooren: ende dat Godt met ons niet en spreke, op dat wy niet en sterven.
(en：否定の不変化詞＜二重否定となっていても単なる否定の意味＞，op dat：＝opdat「～するために」)

1977 年版：En zij zeiden tot Mozes: Spreek gij met ons, en wij zullen horen; en dat God met ons niet spreke, opdat wij niet sterven!

2007 年版：Ze zeiden tegen Mozes: 'Spreekt u met ons, wij zullen naar u luisteren. Maar laat God niet met ons spreken, want dan sterven we.'

20　「モーセは民に答えた．『恐れることはない．神が来られたのは，あなたたちを試すためであり，また，あなたたちの前に神を畏れる畏れをおいて，罪を犯させないようにするためである．』」

1637 年版：Ende Mose seyde tot den volcke: En vreest niet, want Godt is gekomen, op dat hy u versochte: ende op dat sijne vreese voor u aengesichte soude zijn, dat ghy niet en sondigdet.
(op dat：＝opdat「～するために」，aengesichte：「面前」，en：否定の不変化詞＜二重否定となっていても単なる否

— 83 —

定の意味＞）
- 1977 年版：En Mozes zeide tot het volk: Vreest niet, want God is gekomen, opdat Hij u beproefde, en opdat Zijn vreze voor uw aangezicht zou zijn, dat gij niet zondigdet.
- 2007 年版：Maar Mozes antwoordde: 'Wees niet bang, God is gekomen om u op de proef te stellen en u met ontzag voor hem te vervullen, zodat u niet meer zondigt.'

21 「民は遠く離れて立ち，モーセだけが神のおられる密雲に近づいて行った．」
- 1637 年版：Ende het volck stont van verre: maer Mose naederde tot de donckerheyt, al waer Godt was.
  （al waer：=alwaar「（強調して）その場所で」＜関係副詞＞）
- 1977 年版：En het volk stond van verre; maar Mozes naderde tot de donkerheid, alwaar God was.
- 2007 年版：En terwijl het volk op een afstand bleef staan, ging Mozes naar de donkere wolk waarin God aanwezig was.

さてこの節の出だしで挙げたオランダ語最古の文学的テキスト（『ヴァハテンドンク詩篇』）はリムブルフ方言に基づいていると記したが，このリムブルフ方言は後の標準語（ABN）の発展にとっては，2つの南方方言（フランドル方言とブラーバント方言）ほど重要ではないのである．記録された書き言葉に関していえば，中世オランダ語時代は，圧倒的に南方起源（すなわちフランドル方言とブラーバント方言）のテキストが代表的である．今日伝わっている 13 世紀のテキストは，主にフランドル方言起源であり，14 世紀のテキストはフランドル方言とブラーバント方言との混成であるが，15 世紀までには明らかにブラーバント方言が優勢であることが確認される．この状況は，当該地域の経済的な富裕度に対応する形となっている．つまりブルッヘとヘントの全盛期と時を同じくしてフランドル方言テキストが優位を占めた一方，ブラーバント方言が 14 世紀半ばから頻繁に用いられるようになったという状況は，経済的繁栄がその頃フランドル地方の諸都市から（ブリュッセル・アントワープといった）ブラーバント地方の諸都市に移ったこ

第 2 章　言語史的側面

とに対応しているのである．15, 16 世紀になると貿易の増大に呼応してホラント州の繁栄が目立ち始めるのだが，これもまた，ホラント方言のテキストが頻繁に現れることに如実に反映されている．

次に挙げるフランドル方言・ホラント方言に関する諸特性は，おのおのの個別方言が必ずしも常に示すというものではないが，基本形として現われやすい語形である．

フランドル方言

・「er + 子音」の場合，しばしば ar, aer という表記となる．
　例：karke「教会」, varre「遠い」（他方言では，kerke, verre である）．

・o が ü となることがある（特に海岸地域において）．
　例：up「〜の上で」, wulf「狼」, vul「満ちた」（他方言では，op, wolf, vol）．

・ü が円唇性を失い i と発音される．
　例：brigghe「橋」, dinne「薄い」．

・h が母音の前で失われ，逆に語源的には正しくない h が（同じく母音の前で）加わることがある．
　例：ant「手」(<hant)；heten「食べる」(<eten)．

・特に西フランドル方言について言えることであるが，他方言なら ghe- となる過去分詞の接頭辞が弱化して i, y となる．
　例：yvarwet「描いた」, idaen「なされた」（他方言なら，ghe-varwet, ghe-daen）．

・これも西フランドル方言にであるが，er で終わる名詞にしばしば複数形で -s が付加される．
　例：ridders「騎士（たち）」（他方言では，riddere）．

＜フランドル方言テキスト＞

Schepenbrief van Boekhoute（1249 年）[104]

De scepenen van Bochouta quedden alle degene die dese lettren sien selen, in onsen Here. Sie maken bekent die nu sien ende die wesen selen, ende den scepenen van Velseke tevoirst dat der Boidin Molniser van Dallem vercochte den hare Henricke van den Putte portere van Ghint .ii 1/2. bunre lans de rode met .xx. voeten. Dat lant leit tuschen den Ghintwege ende sinen us [...].

　ブークハウテ（Boekhoute，ベルギーの東フランドル州）市参事会は主の御名において，この文書を目にする（あるいは読むのを耳にする）であろう，すべての人たちに次のように告げる，すなわち，とりわけフェルゼケ（Velseke）市参事会に対して，Boidin Molniser van Dallem 氏はヘントの市民である Henricke van den Putte 氏に 2,5 ブンダー（＝ヘクタール）の土地を測量の上，売却した，と．その土地はヘント街道と彼の住まいの間にある．

ホラント方言

・他方言と違い e が i となる．
　例：mit「～といっしょに」

・ee が eu となる．
　例：zeuven「（数字の）7」

・cht が ft となる．
　例：after「～の後ろに」

---

[104] 土地の売買に関して（翻訳でなく初めて）オランダ語で書かれた最古の公的文書である．

第 2 章　言語史的側面

＜ホラント方言テキスト＞

『韻文年代記』（**Rijmkroniek**）

'Volghet mi, als ghi sijt ghereet,
ic vare voren.' Ende hi leet
de strate mitten tween kinden,
diene bede gader minden.

　　準備ができたら私に従いなさい，
　　私が先頭を走る．そして彼は
　　共に彼にとてもなついている二人の青年とともに
　　通りを駆け抜けて行った．

　こうして 14, 15 世紀以降，主にフランドル方言とブラーバント方言という 2 つの南方方言を中心に，後の標準語（ABN）の母胎なるものが発達していく．言語の標準化には印刷術（ひいては印刷業者）が果たした役割がかなり大きい．印刷機の導入により，書物は繰り返し増刷できるようになり，また，広い地域にわたって流通することになった．離れた地域で同じ書物が読まれるとなればスペルの平準化がどうしても必要となる．併せて，書物の価格もたいていの人の手の届く範囲となった．16 世紀以後，ブラーバント地方（とりわけアントワープ）が次第に低地諸国における印刷業の中心地となるにつれ，ブラーバント方言の語形が印刷物の標準となっていく．最古の印刷本のテキストはブラーバント方言（か，あるいはホラント方言のどちらか）である[105]．

---

[105] まもなく北部での重要な印刷業の中心地としてアムステルダムが優勢になり始めた．なお，今日も Brill, Mouton など，言語学を中心とした国際的に名を馳せる出版社がオランダを本拠地としている．また，オランダでは言語学の中でも当初から方言学に対する高い関心が見られた．詳しくは，ドナルドソン（Donaldson 1999）を参照のこと．

古低フランク語（Oudnederlands）文法表

（1）発音

1）母音

短母音：
i ［i］ ： himel 「天」
e ［e］ ： gevan 「与える」
a ［a］ ： dag 「日」
o ［o］ ： over 「〜を越えて」
u ［u］ ： uns 「私たち（を）」
u ［y］ ： hulpa 「助力」

長母音：
î ［i:］ ： gelîc 「等しい」
ê ［e:］ ： kêron 「向ける」
â ［a:］ ： gân 「行く」
ô ［o:］ ： ôga 「目」
û ［u:］ ： nû 「今」

二重母音：
ei ［ei］： heilig 「神聖な」
iu ［iu］： beriuwan 「後悔する」
io ［io］： diopi 「深さ」
uo ［uo］： fuot 「足」

2）子音

p ［p］ putte 「穴」,
t ［t］ tunga 「舌」,

k ［k］ calf 「子牛」,
f ［f］ lîf 「肉体」
v ［v］ gevan 「与える」
th ［þ］ werthan 「〜になる」
s ［s］ muos 「ムース」
　 ［z］ wesan 「〜である」
h ［x］ noh 「まだ」

b ［b］ berg 「山」
d ［d］ dag 「日」
　 ［ð］ geweldig 「強力な」
g ［g］ singen 「歌う」

　　　　[h]　hiera　　「ここ」
m [m]　himel　　「天」
n [n]　nû　　「今」
l [l]　heilig　　「神聖な」
r [r]　werk　　「作品」
j [j]　jâr　　「年（複数対格形）」
w [w]　watar　　「水」

(2) 形態論

1) 名詞

[強変化]
a 語幹

男性	dag「日」	英：day 独：Tag
	単数	複数
主格	dag	daga
属格	dagis/-es	dago
与格	dage/-i	dagon
対格	dag	daga

中性	wort「語」	英：word 独：Wort
	単数	複数
主格	wort	wort
属格	wordis/-es	wordo
与格	wordi/-e	wordon
対格	wort	wort

ja 語幹

男性	ruggi「背中」	独：Ruck
	単数	複数
主格	ruggi/-e	rugga
属格	ruggis/-es	ruggo
与格	ruggi/-e	ruggon
対格	ruggi/-e	rugga

中性	endi「終り」	英：end 独：Ende
	単数	複数
主格	endi/-e	endi/-e
属格	endis/-es	endo
与格	endi/-e	endon
対格	endi/-e	endi/-e

i 語幹

男性	disc「円盤」	英：disk 独：Diskus

	単数	複数
主格	disc	diski
属格	diskis	disko
与格	diski	diskin
対格	disc	diski

女性	craft「力」	英：craft 独：Kraft

	単数	複数
主格	craft	crefte/-i
属格	crefte/-i	crefto
与格	crefte/-i	creftin/-on
対格	craft	crefte/-i

ô, ôn 語幹

女性	tunga「舌」	英：tongue 独：Zunge

	単数	複数
主格	tunga	tungon/-a
属格	tungon	tungono
与格	tungon	tungon
対格	tungon/-a	tungon/-a

u 語幹（在証されるのは単数形のみ）

男性	fritho「平和」	独：Frieden

	単数	複数
主格	fritho	
属格	frithis	
与格	frithi	
対格	fritho	

第 2 章　言語史的側面

[弱変化]（本来の n 語幹がこれに相当する）

男性　namo 「名前」	英：name 独：Name
単数	複数
主格	namo	namon
属格	namin	namono
与格	namin/-on	namon
対格	namon	namon

中性　herta「心」	英：heart 独：Herz
単数	複数
主格	herta	herta/-on
属格	hertin	hertono
与格	hertin	herton
対格	herta	herta/-on

er で終わる親族名称を表わす語（vader「父」, broeder「兄弟」など），vrient「友人」, viant「敵」および man「男」は，独自の曲用をする．

男性　man「男」	英：man 独：Mann
単数	複数
主格	man	man
属格	mannis	manno
与格	manni	mannon
対格	man	man

2）形容詞

比較級には -er，最上級には -st の語尾を添える．ただし，例外として，

　　goet「よい」 − beter − best
　　groot「大きい」 − meere − meest
　　clein「小さい」 − minre − minst

3）代名詞

人称代名詞

在証されない語形は空欄となっている．なお，再帰代名詞としては，2人称単数 thi，3人称 sig が見出される．

1人称

	単数	複数
主格	ic	wi/wir
属格	min	———
与格	mi	uns/unsig
対格	mi	uns/unsig

2人称

	単数	複数
主格	thu	gi
属格	thin	———
与格	thi	iu
対格	thi	iu

3人称

	単数			複数
	男性	女性	中性	
主格	he/hie	———	it	sia
属格	sin/is	iro	sin	iro
与格	imo	iro	imo	im
対格	imo	sia	it	sia

所有代名詞

	単数	複数
1人称	min	unsa
2人称	thin	iuuu
3人称	sin	sin

指示代名詞・関係代名詞

	単数			複数
	男性	女性	中性	
主格	thie	———	that	thia
属格	———	thero	thates	thero
与格	themo/then	thero	themo	then
対格	thana	thia	that	thia
具格	———	———	thiu	———

定冠詞としての用法は次の1例のみ見出される.
　the lera「教え」(Psalm 2.12)
なお，具格というのは「〜で」という意を表わす.

疑問代名詞 we「誰」, wad「何」

	単数		
	男性	女性	中性
主格	uue	———	uuad
属格	———	———	———
与格	———	———	———
対格	———	———	uuad
具格	———	———	uuie

表の中で，すべての語形が在証されるわけではない（在証されない語形は空欄）.

4) 動詞

人称変化

＜直説法・現在＞「〜になる」

人称	単数	複数
1	ic uuirthon	wi uuerthon/-un
2	thu uuirthis	gi uuerthet/-it
3	he uuirthit	sia uuerthunt/-ont

＜直説法・過去＞「与える」

人称	単数	複数
1	ic gaf	wi gâuon
2	thu gâui/gêue	gi gâuet
3	he gaf	sia âuon/-un

＜接続法・現在＞「与える」

人称	単数	複数
1	ic geui/-e	wi geuan/-in
2	thu geues	gi geuit/-et
3	he geui/-e	sia geuan/-in/-int

＜接続法・過去＞

人称	単数	複数
1	ic gisâgi	wi ———
2	thu ———	gi ———
3	he sprêke	sia farnâmin

在証されるのはここに挙げたようないくつかの動詞（gi-sagen「言う」, sprecon「話す」, far-neman「聞き取る」）の用例のみである．なお，命令形は，

  単数：母音交替（e/i, ie/ui）をするもの（gebuit<gebiedan「命令する」）としないもの（behalt<behaldan「保つ」）がある．

  複数：語尾（-et, -it, -ot）を付ける．例：sing-et（<singan「歌う」）, cum-it（<cuman「来る」）, fornem-ot（<far-neman「聞き取る」）

強変化動詞の系列

母音交替により，過去形が単数/複数2種の語形をとる．

    現在　過去（Sg）過去（Pl）　過去分詞

Ⅰ．î- ei/ê - i- i
    stigon　－　steig　－　stigon　－　gistigon「登る」

Ⅱ．ie/û - ou/ô - u - o
    biedon　－　bôt　－　budon　－　gibodon「提供する」

Ⅲ．i - a - u - u
    e - a - u - o

第 2 章　言語史的側面

```
        bindon  -  bant  -  bundun  -  gibundon「結ぶ」
        helpon  -  halp  -  hulpun  -  giholpon「助ける」
Ⅳ. e - a - â - o/u
        beron   -  bar   -  bâron   -  giboron「運ぶ」
Ⅴ. e - a - â - e
        geuon   -  gaf   -  gâuon   -  gigeuon「与える」
Ⅵ. a - uo - uo - a
        faron   -  fuor  -  fuoron  -  gifaron「行く」
```

　第Ⅶ類は幹母音の種類に応じて（hêtan「～という名前である」，loupon「走る」，fallon「落ちる」，slâpon「眠る」，ruopon「呼ぶ」）いくつかのグループに分類される．これらはかつての重複動詞である．

参考文献　(第2章)

一次文献

Grammatiken des Altniederdeutschen: Gallée, J. (^{3}1993) : *Altsächsische Grammatik*. Halle. Rauch, I. (1992) : *The Old Saxon Language*. New York. Cordes, G. (1973) : *Altniederdeutsches Elementarbuch*. Heidelberg. Holthausen, F. (1921) : *Altsächsisches Elementarbuch*. Heidelberg.

Wörterbücher zum Heliand: Sehrt, E. (^{2}1966) : *Vollständiges Wörterbuch zum Heliand*. Göttingen. Berr, S. (1971) : *An Etymological Glossary to the Old Saxon Heliand*. Bern.

Handbuchartikel: Cordes, G. (1973, 1980) : „Altsächsisch." In: P. Althaus et al.: *Lexikon der Germanistischen Linguistik*. Bd.1 Tübingen 1973. S.411-414. Cordes, G. (1973, 1980): „Altniederdeutsch." In: P. Althaus et al.: *Lexikon der Germanistischen Linguistik*. Bd.2 Tübingen 1980. S.576-580. Klein, Th. (1985): „Phonetik und Phonologie, Graphetik und Graphemik des Altniederdeutschen (Altsächsischen)." In: W.Besch et al. *Sprachgeschichte. Ein Handbuch zur Geschichte der deutschen Sprache und ihrer Erforschung*. 2. Halbband. Berlin/New York 1985/ ^{2}2001. S.1074-1078. Krogmann, W. (1970) : „Altsächsisch und Mittelniederdeutsch." In: L.E.Schmitt: *Kurzer Grundniß der germanischen Philologie bis 1500*. Berlin 1970. S.211-252. Sanders, W. (1973) : „Altsächsische Sprache." In: J.Goossens: *Niederdeutsch. Sprache und Literatur. Eine Einführung*. Neumünster 1973. S.28-65. Taeger, B. (1981) : „Heliand." In: W.Stammler: *Die deutsche Literatur des Mittelalters. Verfasserlexikon*. Berlin 1981. S.958-971.

Bibliographien: Meier, J./Belkin, J (1975) : *Bibliographie zu Otfrid von Weißenburg und zur altsächsischen Bibeldichtung (Heliand und Genesis)* Berlin. Tiefenbach, H. (1993): Berichtigungen und Literaturnachträge in Gallées *Altsächsische Grammatik* (^{3}1993).

Zu den ältesten Ausgaben: Sievers, E. (1878) : *Heliand*. Halle (Paralleldruck der Hss. C und M), Braune, W. (1894) : *Bruchstücke der altsächsischen Bibeldichtung aus der Bibliotheca Palatina*. Tübingen. Basler, O. (1923) : *Altsächsisch. Heliand, Genesis und kleinere Denkmäler*. Freiburg. Taeger, B. (1985) : *Der Heliand. Ausgewählte Abbildungen zur Überlieferung*. Göppingen. Behaghel, O. (^{9}1984) : *Heliand und Genesis*. Tübingen.

二次文献

Althaus, P et al (1973, 1980) : *Lexikon der Germanistischen Linguistik*. Bd.1-2. Tübingen.

Basler, O. (1923) : *Altsächsisch. Heliand, Genesis und kleinere Denkmäler*. Freiburg.

Behaghel, O. (91984) : *Heliand und Genesis*. Tübingen.

Besch, W. et al. (1983) : *Dialektologie. Ein Handbuch zur deutschen und allgemeinen Dialektforschung*. 2. Halbband. Berlin/New York 1983.

第2章 言語史的側面

Besch, W. et al. (1984/ ²1998) : *Sprachgeschichte. Ein Handbuch zur Geschichte der deutschen Sprache und ihrer Erforschung.* 1. Halbband. Berlin/New York.

Besch, W. et al. (1985/ ²2000) : *Sprachgeschichte. Ein Handbuch zur Geschichte der deutschen Sprache und ihrer Erforschung.* 2. Halbband. Berlin/New York.

Berr, S. (1971) : *An Etymological Glossary to the Old Saxon Heliand.* Bern.

Braune, W. (1880/ ¹⁹1981) : *Gotische Grammatik.* Tübingen.

Braune, W. (1886/ ¹³1975) : *Althochdeutsche Grammatik.* Tübingen.

Braune, W. (1894) : *Bruchstücke der altsächsischen Bibeldichtung aus der Bibliotheca Palatina.* Tübingen.

Cordes, G. (1973) : *Altniederdeutsches Elementarbuch.* Heidelberg.

Cordes, G. (1973, 1980) : „Altsächsisch." In: Althaus, P. et al.: *Lexikon der Germanistischen Linguistik.* Bd.1 Tübingen 1973. S.411-414.

Cordes, G. (1973, 1980) : „Altniederdeutsch." In: Althaus, P. et al.: *Lexikon der Germanistischen Linguistik.* Bd.2 Tübingen 1980. S.576-580.

Cordes, G./ Möhn, D. (1983) : *Handbuch zur niederdeutschen Sprach- und Literaturwissenschaft.* Berlin.

Dal, I. (1983) : „Altniederdeutsch und seine Vorstufen." In: Cordes, G. et al.: *Handbuch zur niederdeutschen Sprach- und Literaturwissenschaft.* Berlin 1983. S.69-97.

Donaldson, B. C. : *Dutch - A liguistic history of Holland and Belgium.* Leiden 1983. 『オランダ語誌』(石川 光庸, 河崎 靖 訳) 現代書館 1999.

Frey, E. : *Einführung in die Historische Sprachwissenschaft des Deutschen.* Heidelberg 1994.

Gallée, J. (1891/ ³1993) : *Altsächsische Grammatik.* Halle.

Glaser, E. (1985) : *Graphische Studien zum Schreibsprachwandel vom 13. bis 16. Jh. Vergleich verschiedener Handschriften des Augsburger Stadtbuches.* Heidelberg.

Glaser, E. (1988) : „Autonomie und phonologischer Bezug bei der Untersuchung älterer Schriftlichkeit." in *PBB* 110 (1988), S.313-331.

Goossens, J. (1973) : *Niederdeutsch. Sprache und Literatur. Eine Einführung.* Neumünster.

Gysseling, M. : *Toponymisch Woordenboek van Belgie, Nederland, Luxemburg, Noord-Frankrijk en West-Duitsland.* Tongeren 1960.

Gysseling, M. : *Corpus van middelnederlandse teksten.* Reihe II, Teil 1. 's- Gravenhage 1980.

Gysseling, M. : 'Germanisering en taalgrens,' *Algemene geschiedenis der Nederlanden.* Haarlem 1981.

Heeroma, K. (1970) : „Zur Problematik des Ingwäonischen." In: *Frühmittelalterliche Studien* 4, S.231-243.

檜枝陽一郎：「オランダ語の起源について－英語とドイツ語のはざまで－」『日蘭学会会誌』第16巻第2号（1992）S.17-38.
平林幹郎：『英語の起源と古低地ドイツ語』現代図書 2009.
Holthausen, F. (1921) : *Altsächsisches Elementarbuch*. Heidelberg.
Huber, W. (1983) : „Altniederdeutsche Dichtung." In: Cordes, G. et al.: *Handbuch zur niederdeutschen Sprach- und Literaturwissenschaft*. Berlin 1983. S.334-350.
石川光庸：『ヘーリアント』大学書林　2002.
Klein, Th. (1977) : *Studien zur Wechselbeziehung zwischen altsächsischem und althochdeutschem Schreibwesen und ihrer sprach- und kulturgeschichtlichen Bedeutung*. Göppingen 1977.
Klein, Th. (22000) : „Phonetik und Phonologie, Graphetik und Graphemik des Altniederdeutschen (Altsächsischen)." In: Besch, W. et al.: *Sprachgeschichte. Ein Handbuch zur Geschichte der deutschen Sprache und ihrer Erforschung*. 2. Halbband. Berlin/New York 22000. S.1248-1252.
Krahe, H. (1954) : *Sprache und Vorzeit*. Heidelberg 1954.
Krogmann, W. (1970) : „Altsächsisch und Mittelniederdeutsch." In: L.. E.. Schmitt: *Kurzer Grundniß der germanischen Philologie bis 1500*. Berlin 1970. S.211-252.
Lasch, A. (1914) : *Mittelniederdeutsche Grammatik*. Tübingen.
Masser, A. (1976) : *Bibel- und Legendenepik des deutschen Mittelalters*. Berlin.
Maurer, F. (31952) : *Nordgermanen und Alemanen. Studien zur germanischen und frühdeutschen Sprachgeschichte, Stammes- und Volkskunde*. Bern/München.
Meier, J./ Belkin, J. (1975) : *Bibliographie zu Otfrid von Weißenburg und zur altsächsischen Bibeldichtung (Heliand und Genesis)* Berlin.
Mihm, A. (2002) : „Graphematische Systemanalyse als Grundlage der historischen Prosodieforschung." In: Auer, P./ Gilles, P./ Spiekermann, H. (Hrsg.) : *Silbenschnitt und Tonakzente*. Tübingen, S.235-264.
Mitzka, W. (1948/50) : „Die Sprache des Heliand und die altsächsische Stammenverfassung." In: *Niederdeutsches Jahrbuch*, 71/73, S.32-39.
Paul, H. (1881/ 24 1998) : *Mittelhochdeutsche Grammatik*. Tübingen.
Putschke, W. (1998) : „Die Arbeiten der Junggrammatiker und ihr Beitrag zur Sprachgeschichtsforschung." In: Besch, W. et al.: *Sprachgeschichte. Ein Handbuch zur Geschichte der deutschen Sprache und ihrer Erforschung*. 1. Halbband. Berlin/New York ²1998. S. 474-494.
Quak, A. (1975) : *Wortkonkordanz zu den altmittel- und altniederfränkischen Psalmen und Glossen*. Amsterdam.
Quak, A. (1981) : *Die altmittel- und altniederfränkischen Psalmen und Glossen*. Amsterdam.

第2章 言語史的側面

Rathofer, J. (1971) : „Altsächsische Literatur." In: L.. E.. Schmitt: *Kurzer Grundniß der germanischen Philologie bis 1500*. Band 2. Berlin 1971. S.242-262.
Rauch, I. (1992) : *The Old Saxon Language*. New York.
Rooth, E. (1932) : „Die Sprachform der Merseburger Quellen." In: *Niederdeutsche Studien. Festschrift für Conrad Borchling*. Neumünster 1932. S. 24-54.
Sanders, W. (1973) : „Altsächsische Sprache." In: J. Goossens: *Niederdeutsch. Sprache und Literatur. Eine Einführung*. Neumünster 1973. S.28-65.
Sanders, W. (1974) : „Die niederdeutsche Sprachgeschichtsforschung." In: *Niederdeutsches Jahrbuch*, 97, S. 20-36.
Sanders, W. (^{2}2000) : „Die Textsorten des Altniederdeutschen (Altsächsischen)." In: Besch, W. et al.: *Sprachgeschichte. Ein Handbuch zur Geschichte der deutschen Sprache und ihrer Erforschung*. 2. Halbband. Berlin/New York ^{2}2000. S. 1276-1282. Scheuermann, U. (22000) : „Die Diagliederung des Altniederdeutschen (Altsächsischen)." In: Besch, W. et al.: *Sprachgeschichte. Ein Handbuch zur Geschichte der deutschen Sprache und ihrer Erforschung*. 2. Halbband. Berlin/New York ^{2}2000. S. 1283-1288.
Schildt, J. (1991) : *Kurze Geschichte der deutschen Sprache*. Berlin. 『図説ドイツ語の歴史』（橘 好碩 訳）大修館書店 1999.
Schmeller, J. A. (1830) : *Heliand. Poema Saxonicum seculi noni*. Stuttgart/Tübingen.
Schmitt, L. E. (1970) : *Kurzer Grundniß der germanischen Philologie bis 1500*. Band 1. Berlin.
Schmitt, L. E. (1971) : *Kurzer Grundniß der germanischen Philologie bis 1500*. Band 2. Berlin.
Sehrt, E. (^{2}1966) : *Vollständiges Wörterbuch zum Heliand*. Göttingen.
Sievers, E. (1878) : *Heliand*. (Paralleldruck der Hss. C und M) Halle.
Sonderegger, S. (1979) : *Grundzüge deutscher Sprachgeschichte*. Bd. 1. Berlin/New York.
Sonderegger, S. (1983) : „Leistung und Aufgabe der Dialektologie im Rahmen der Sprachgeschichtsschreibung des Deutschen." In: Besch, W. et al.: *Dialektologie. Ein Handbuch zur deutschen und allgemeinen Dialektforschung*. 2. Halbband. Berlin/New York 1983. S. 1526-1558.
Sonderegger, S. (1998) : „Sprachgeschichtsforschung in der ersten Hälfte des 19. Jahrhunderts." In: Besch, W. et al.: *Sprachgeschichte. Ein Handbuch zur Geschichte der deutschen Sprache und ihrer Erforschung*. 1. Halbband. Berlin/New York ^{2}1998. S. 443-473.
Stammler, W. (1981) : *Die deutsche Literatur des Mittelalters. Verfasserlexikon*. Berlin.
Stellmacher, D. (1990) : *Niederdeutsche Sprache*. Bern.
Taeger, B. (1979) : „Die Auswirkung des Schreiberwechsels auf die dialektologische Auswertung der Münchener 'Heliand' -Handschrift." In: Grubmüller, K et al.: *Befund und Deutung. Festschrift für Hans Fromm*. Tübingen.

Taeger, B. (1981) : „Heliand." In: W. Stammler: *Die deutsche Literatur des Mittelalters. Verfasserlexikon.* Berlin 1981. S.958-971.

Taeger, B. (1985) : *Der Heliand. Ausgewählte Abbildungen zur Überlieferung.* Göppingen.

Taeger, B. (1994) : „stet! – Zum Text von 'Heliand' und 'Genesis'." in: *Niederdeutsches Wort* 34, S. 45-61.

Tiefenbach, H. (1993) : Berichtigungen und Literaturnachträge in J. Gallée (31993) : *Altsächsische Grammatik.* Halle.

Vermeer, H.J. (1985) : „Jahrhundertleistungen historischer Phonetik, Graphetik und Morphologie: Die großen Grammatiken der älteren Sprachstufen des Deutschen." In: Besch, W. et al.: *Sprachgeschichte. Ein Handbuch zur Geschichte der deutschen Sprache und ihrer Erforschung.* 1. Halbband. Berlin/New York 1985. S.419-426.

補　章

蘭語・フリジア語・英語・ドイツ語　表現集

こんにちは，Aさん（男性）.
蘭：Dag, meneer A.
フ：Goeie (dei), A.
英：Hello, Mr. A.
独：Guten Tag, Herr A.

こんにちは，Aさん（女性）.
蘭：Dag, mevrouw B.
フ：Goeie (dei), frou B.
英：Hello, Mrs. B.
独：Guten Tag, Frau B.

やあ，ピーター.
蘭：Hallo, Pieter.
フ：Hallo, Pieter.
英：Hello, Peter.
独：Hallo, Peter.

やあ，レーンチェ.
蘭：Hoi, Leentje.
フ：Hoi, Leentsje.
英：Hi, Helen.
独：Tag, Helene.

おはようございます.
蘭：Goedemorgen.
フ：(goeie) moarn.
英：Good morning.

独：Guten Morgen.

こんにちは．
蘭：Goedemiddag.
フ：(goeie) middei.
英：Good afternoon.
独：Guten Tag.

こんばんは．
蘭：Goedenavond.
フ：goejûn.
英：Good evening
独：Guten Abend.

お元気ですか．
蘭：Hoe gaat het ermee?
フ：Hoe is't dermei?
英：How are you?
独：Wie geht's?

元気です，あなたは．
蘭：Goed, en met u?
フ：Goed, en mei jo?
英：Fine, thank you, and you?
独：Gut, und Ihnen?

快調です．
蘭：Uitstekend.
フ：Bêst.
英：Very well.
独：Ausgezeichnet.

蘭語・フリジア語・英語・ドイツ語　表現集

そんなに調子よくありません．
蘭：Niet zo goed.
フ：Net sa goed.
英：Not very well.
独：Nicht besonders.

まあまあです．
蘭：Gaat wel.
フ：Giet wol.
英：Not too bad.
独：Es geht.

今日は何曜日ですか．
蘭：Welke dag is het vandaag?
フ：Watfoar dei is it hjoed?
英：What day is it today?
独：Welcher Tag ist heute?

今日は土曜日です．
蘭：Vandaag is het zaterdag.
フ：Hjoed is it sneon/saterdei.
英：Today's Saturday.
独：Heute ist Samstag/Sonnabend.

何時に寄ったらいいですか．
蘭：Hoe laat kan ik langskomen?
フ：Hoe let kin ik delkomme?
英：What time can I come round?
独：Wann kann ich vorbeikommen?

私たちは二人です．
蘭：We zijn met z'n tweeën.

フ：Wy binne tegearre.
英：There are two of us.
独：Wir sind zu zweit.

はじめまして.
蘭：Hallo, leuk u te ontmoeten.
フ：Goeie, hoe is't mei jo?
英：How do you do?
独：Guten Tag/Abend, nett Sie kennen zu lernen.

お会いできて嬉しいです.
蘭：Aangenaam (kennis te maken).
フ：Oangenaam (kennis te meitsjen).
英：Pleased to meet you.
独：Angenehm.

どちらの出身ですか.
蘭：Waar komt u vandaan?
フ：Wêr komme jo wei?
英：Where are you from?
独：Woher kommen Sie?

私は〜出身です.
蘭：Ik kom uit 〜.
フ：Ik kom út 〜.
英：I'm from 〜.
独：Ich komme aus 〜.

どのようにしてここにおいでになりましたか.
蘭：Hoe bent u hier gekomen?
フ：Hoe binne jo hjir kommen?
英：How did you get here?

独：Wie sind Sie hierher gekommen?

当地には長いですか.
蘭：Bent u hier al lang?
フ：Binne jo hjir al lang?
英：Have you been here long?
独：Sind Sie schon lange hier?

どのくらいの期間ここに滞在されますか.
蘭：Hoelang blijft u hier?
フ：Hoe lang bliuwe jo hjir?
英：How long will you be staying here?
独：Wie lange bleiben Sie hier?

どこにお泊りですか.
蘭：Waar logeert u?
フ：Wêr útfònhoezje joo?
英：Where are you staying?
独：Wo wohnen Sie?

とても結構です.
蘭：Goed zo!
フ：Knap!
英：Well done!
独：Sehr gut!

悪くありません.
蘭：Niet slecht!
フ：Koe minder!
英：Not bad!
独：Nicht schlecht!

すばらしい．
蘭：Heerlijk!
フ：Geweldich!
英：Wonderful!
独：Herrlich!

ここは快適です．
蘭：Wat is het hier gezellig!
フ：Wat is it hjir gesellich!
英：It's really nice here!
独：Hier ist es aber gemütlich!

私は〜が嬉しい．
蘭：Ik ben blij dat 〜.
フ：Ik bin bliid dat 〜.
英：I'm glad 〜.
独：Ich bin froh, dass 〜.

私は（それを）楽しみにしています．
蘭：Ik verheug me erop.
フ：Ik sjoch der nei út.
英：I'm looking forward to it.
独：Ich freue mich darauf.

（それが）うまくいきますように．
蘭：Ik hoop dat het lukt.
フ：Ik hoopje dat it slagget.
英：I hope it works out.
独：Ich hoffe, es gelingt.

残念です．
蘭：Jammer!

蘭語・フリジア語・英語・ドイツ語　表現集

フ：Wat spitich!
英：What a pity!
独：Wie schade!

つまらない．
蘭：Wat een onzin!
フ：Wat in ûnsin!
英：What a load of rubbish!
独：Quatsch!

そうはいかない．
蘭：Dat kan zo niet.
フ：Dat kin sa net.
英：This is no good.
独：So geht das nicht.

了解，大丈夫です．
蘭：OK, geen probleem.
フ：Okee, gjin probleem.
英：Okay, no problem.
独：O.K., kein Problem.

趣味をお持ちですか．
蘭：Hebt u hobby's?
フ：Ha jo hobbys?
英：Do you have any hobbies?
独：Haben Sie Hobbys?

私は音楽が好きです．
蘭：Ik hou(d) van muziek.
フ：Ik hâld fan muzyk.
英：I like music.

独：Ich mag Musik.

ちょっと質問してもいいですか．
蘭：Mag ik u wat vragen?
フ：Mei ik jo wat freegje?
英：Could I ask you something?
独：Dürfte ich Sie etwas fragen?

すみません，助けていただけますか．
蘭：Pardon, kunt u me helpen?
フ：Kinne jo my faaks helpe?
英：Excuse me, could you help me?
独：Entschuldigung, könnten Sie mir helpen?

何をして差し上げましょう．
蘭：Wat kan ik voor u doen?
フ：Wat kin ik foar jo dwaan?
英：What can I do for you?
独：Was kann ich für Sie tun?

すみません，今，時間がありません．
蘭：Sorry, ik heb nu geen tijd.
フ：Sorry, ik ha't no net oan tiid.
英：Sorry, I don't have time now.
独：Bedaure, ich habe jetzt keine Zeit.

あなたのところに腰掛けてもよろしいですか．
蘭：Mag ik bij u komen zitten?
フ：Mei ik by jo sitten gean?
英：May I join you?
独：Darf ich mich zu Ihnen setzen?

蘭語・フリジア語・英語・ドイツ語　表現集

お名前は何ですか.
蘭：Hoe heet u?
フ：Hoe hjitte jo?
英：What's your name?
独：Wie heißen Sie?

私の名前は〜です.
蘭：Ik heet 〜.
フ：Myn namme is 〜.
英：My name's 〜.
独：Ich heiße 〜.

〜を紹介してもよろしいですか.
蘭：Mag ik u even voorstellen?
フ：Mei ik jo efkes foarstelle?
英：May I introduce … ?
独：Darf ich Ihnen vorstellen?

こちらは私の妻（娘・ガールフレンド）です.
蘭：Dit is mijn vrouw/dochter/vriendin.
フ：Dit is myn frou/dochter/freondinne.
英：This is my wife/daughter/girlfriend.
独：Dies ist meine Frau/Tochter/Freundin.

こちらは私の母（父）です.
蘭：Dit is mijn moeder/vader.
フ：Dit is ús mem/heit.
英：This is my mother/father.
独：Dies ist meine Mutter/mein Vater.

こちらは私の夫（息子・ボーイフレンド）です.
蘭：Dit is mijn man/zoon/vriend.

フ：Dit is myn man/soan/freon.
英：This is my husband/son/boyfriend.
独：Dies ist mein Mann/Sohn/Freund.

結婚されてますか．
蘭：Bent u getrouwd?
フ：Binne jo troud?
英：Are you married?
独：Sind Sie verheiratet?

私は既婚です．
蘭：Ik ben getrouwd.
フ：Ik bin troud.
英：I'm married.
独：Ich bin verheiratet.

私は独身です．
蘭：Ik ben vrijgezel.
フ：Ik bin frijgesel.
英：I'm single.
独：Ich bin Junggeselle/Junggesellin.

お子さんがおありですか．
蘭：Hebt u kinderen/kleinkinderen?
フ：Ha jo bern/bernsbern?
英：Do you have any children/grandchildren?
独：Haben Sie Kinder/Enkel?

お子さんは何人ですか．
蘭：Hoeveel kinderen hebt u?
フ：Hoefolle bern ha jo?
英：How many children habe you got?

蘭語・フリジア語・英語・ドイツ語　表現集

独：Wie viel Kinder haben Sie?

男の子ですか，女の子ですか．
蘭：Is het een jongen of een meisje?
フ：Is't in jonkje of in famke?
英：Is it a boy or a girl?
独：Ist es ein Junge oder ein Mädchen?

息子（娘）さんのお名前は何ですか．
蘭：Hoe heet uw zoon/dochter?
フ：Hoe hjit jo soan/dochter?
英：What's your son/daughter called?
独：Wie heißt Ihr Sohn/Ihre Tochter?

何と可愛らしいお子さんだこと．
蘭：Wat een leuk kind!
フ：Wat in aardich bern!
英：What a lovely child!
独：Ach ist das ein süßes Kind!

あなたは何歳ですか．
蘭：Hoe oud bent u?
フ：Hoe âld binne jo?
英：How old are you?
独：Wie alt sind Sie?

私は〜歳です．
蘭：Ik ben 〜 jaar oud.
フ：Ik bin 〜 jier.
英：I'm 〜.
独：Ich bin 〜 Jahre alt.

あなたの仕事は何ですか．
蘭：Wat voor werk doet u?
フ：Watfoar wurk dogge jo?
英：What do you do for a living?
独：Was für eine Arbeit machen Sie?

私はオフィスで働いています．
蘭：Ik werk op een kantoor.
フ：Ik sit op in kantoar.
英：I work in an office.
独：Ich arbeite in einem Büro.

私は学生です．
蘭：Ik studeer/zit op school.
フ：Ik studearje/sit op skoalle.
英：I'm a student.
独：Ich studiere/gehe zur Schule.

あなたは今の仕事が好きですか．
蘭：Vindt u uw werk leuk?
フ：Ha jo moai wurk?
英：Do you like your job?
独：Macht Ihnen die Arbeit Spaß?

あなたの宗教は何ですか．
蘭：Wat voor geloof hebt u?
フ：Watfoar leauwe ha jo?
英：What's your religion?
独：Welches Glaubensbekenntnis haben Sie?

何とおっしゃいましたか．
蘭：Wat zegt u?.

蘭語・フリジア語・英語・ドイツ語　表現集

フ：Wat ssizze jo?
英：I beg your pardon?
独：Wie bitte?

私の言うことがわかりますか．
蘭：Begrijpt u mij?
フ：Begripe jo my?
英：Do you understand me?
独：Verstehen Sie mich?

私は（それを）理解できます〈できません〉．
蘭：Ik begrijp het (niet).
フ：Ik begryp it (net).
英：I (don't) understand.
独：Ich verstehe es (nicht).

どうか（それを）繰り返して下さい．
蘭：Wilt u dat a.u.b. herhalen?
フ：Wolle jo dat nochris sizze?
英：Could you repeat that, please?
独：Würden Sie das bitte wiederholen?

その語の意味は何ですか．
蘭：Wat betekent dat woord?
フ：Wat betsjut dat wurd?
英：What does that word mean?
独：Was bedeutet das Wort?

どうか（それを）メモしてもらえませんか．
蘭：Kunt u dat voor me opschrijven?
フ：Kinne jo dat foar my opskriuwe?
英：Could you write that down for me, please?

— 113 —

独：Könnten Sie mir das aufschreiben?

〜語で（それを）何と言いますか．
蘭：Hoe zeg je dat in het ... ?
フ：Hoe seit men dat yn it ... ?
英：How do you say that in ... ?
独：Wie sagt man das auf ... ?

（それは）どんな発音ですか．
蘭：Hoe spreek je dat uit?
フ：Hoe sprekt men dat út?
英：How do you pronounce that?
独：Wie spricht man das aus?

いつ出発しますか．
蘭：Wanneer vertrekt u?
フ：Wannear geane jo fuort?
英：When are you leaving?
独：Wann reisen Sie ab?

（それを）見せてもらえませんか．
蘭：Kunt u me dat wijzen?
フ：Soene jo my dat oanwize kinne?
英：Could you point that out to me?
独：Können Sie mir das zeigen?

別のホテルを紹介してもらえませんか．
蘭：Weet u misschien een ander hotel?
フ：Witte jo faaks in oar hotel?
英：Do you know another hotel, please?
独：Könnten Sie mir ein anderes Hotel empfehlen?

蘭語・フリジア語・英語・ドイツ語　表現集

～をお持ちですか.
蘭：Hebt u voor mij een ～?
フ：Ha jo in ～ foar my?
英：Do you have a ～ for me?
独：Haben Sie für mich ein(en)/eine ～?

リンゴを1キロ分ください.
蘭：Ik wil graag een kilo appels.
フ：Ik wol graach in kilo appels.
英：I'd like a kilo of apples, please.
独：Ich möchte ein Kilo Äpfel.

もしかすると.
蘭：Misschien.
フ：Mooglik.
英：Perhaps.
独：Vielleicht.

（それは）わかりません.
蘭：Ik weet het niet.
フ：Ik wit it net.
英：I don't know.
独：Ich weiß es nicht.

ここで煙草を吸ってもいいですか.
蘭：Mag ik hier roken?
フ：Mei ik hjir roke?
英：Can I smoke here?
独：Darf ich hier rauchen?

ええ，もちろんです.
蘭：Ja, natuurlijk.

フ：Ja, fansels.
英：Yes, of course.
独：Ja, natürlich.

いいえ，残念ながら．
蘭：Nee, het spijt me.
フ：Nee, it spyt my.
英：No, I'm sorry.
独：Nein, tut mir leid.

いいえ，今，時間がありません．
蘭：Nee, ik heb nu geen tijd.
フ：Nee, ik ha it no net oan tiid.
英：No, I don't have time now.
独：Nein, ich habe jetzt keine Zeit.

いいえ，それは無理です．
蘭：Nee, dat is onmogelijk.
フ：Nee, dat kin net.
英：No, that's impossible.
独：Nein, das ist unmöglich.

そう思います．
蘭：Ik geloof het wel.
フ：Ik leau fan wol.
英：I think so.
独：Ich glaube schon.

同意します．
蘭：Ik denk het ook.
フ：Ik tink it ek.
英：I agree.

独：Ich glaube (es) auch.

いいえ，全然です．
蘭：Nee, helemaal niet.
フ：Nee, hielendal net.
英：No, not at all.
独：Nein, überhaupt nicht.

それは正しい（正しくない）．
蘭：Dat klopt (niet).
フ：Dat kloppet (net).
英：That's (not) right.
独：Das stimmt (nicht).

了解です．
蘭：Akkoord.
フ：Akkoart.
英：Okay.
独：Einverstanden.

あなたと同意見です（ではありません）．
蘭：Dat ben ik (niet) met u eens.
フ：Ik bin it (net) mei jo iens.
英：I (don't) agree.
独：Da bin ich (nicht) mit Ihnen einig.

あなたと一緒にいるのが楽しい．
蘭：Ik vind het fijn om bij je te zien.
フ：Ik fyn it moai om by dy te wêzen.
英：I like being with you.
独：Ich bin gern mit dir zasammen.

あなたに手紙を書いても／電話しても／メールしてもいいですか．
蘭：Kan/mag ik je schrijven/bellen/e-mailen?
フ：Kin/mei ik dy skriuwe/belje/mele?
英：Can I write to you/phone you/e-mail you?
独：Darf ich dir schreiben/dich anrufen/dir eine E-mail schicken?

手紙を書いて／電話してくれますか．
蘭：Schrijft/belt u mij?
フ：Skriuwe/Belje jo my?
英：Will you write/call me?
独：Schreiben Sie mir/rufen Sie mich an?

今後ともお付き合いしましょう．
蘭：We houden toch wel contact?
フ：Wy hâlde dochs wol kontakt?
英：We'll keep in touch, won't we?
独：Wir bleiben doch wohl in Verbindung?

いろいろとありがとうございます．
蘭：Bedankt voor alles.
フ：Betanke foar alles.
英：Thanks for everything.
独：Vielen Dank für alles.

とても素敵な時間でした．
蘭：Het was erg leuk.
フ：It wie hiel moai.
英：It was very nice.
独：Es war sehr schön.

〜によろしく．
蘭：Doe de groeten aan 〜．

蘭語・フリジア語・英語・ドイツ語　表現集

フ：Doch de groetnis oan 〜.
英：Say hello to 〜.
独：Grüßen Sie 〜.

どうぞお元気で.
蘭：Ik wens je het allerbeste.
フ：It alderbêste.
英：All the best.
独：Alles, alles gute.

今後もご幸運を.
蘭：Veel succes verder.
フ：Sukses fierder.
英：Good luck.
独：Viel Erfolg weiter.

次回いつ来られますか.
蘭：Wanneer kom je weer?
フ：Wannear komst wer?
英：When will you be back?
独：Wann kommst du wieder?

（あなたを）お待ちしています.
蘭：Ik wacht op je.
フ：Ik wachtsje op dy.
英：I'll be waiting for you.
独：Ich warte auf dich.

（あなたに）再会できるのを楽しみにしています.
蘭：Ik zou je graag nog eens terugzien.
フ：Ik wol dy graach nochris wer sjen.
英：I'd like to see you again.

— 119 —

独：Ich möchte dich gern wiedersehen.

また直にお会いできるといいですね.
蘭：Ik hoop dat we elkaar gauw weerzien.
フ：Ik hoopje dat wy elkoar gau wer sjogge.
英：I hope we meet again soon.
独：Ich hoffe, wir sehen uns bald wieder.

（あなたを）心よりお待ちしています.
蘭：U bent van harte welkom.
フ：Jo binne fan herten wolkom.
英：You'd be more than welcome.
独：Sie sind uns herzlich willkommen.

「著者紹介」

河崎　靖［かわさき・やすし］京都大学教授（ゲルマン語学）

目録進呈　落丁本・乱丁本はお取替えいたします。

平成 23 年 8 月 30 日　　Ⓒ 第 1 版発行

オランダ語学への誘い	著　者　河　崎　　　靖
	発行者　佐　藤　政　人
	発　行　所
	株式会社　大　学　書　林
	東京都文京区小石川 4 丁目 7 番 4 号
	振替口座　00120-8-43740番
	電話　(03)3812-6281〜3番
	郵便番号　112-0002

ISBN978-4-475-01890-6　　クリエイトパージュ・横山印刷・牧製本

大学書林
語学参考書

著者	書名	判型	頁数
河崎 靖 著 クレインス フレデリック	低地諸国(オランダ・ベルギー)の言語事情	A5判	152頁
清水 誠 著	現代オランダ語入門	A5判	336頁
朝倉純孝 著	オランダ語四週間	B6判	384頁
塩谷 饒 著	オランダ語文法入門	B6判	192頁
朝倉純孝 著	オランダ語文典	B6判	224頁
鳥井裕美子 編	オランダ語会話練習帳	新書判	228頁
檜枝陽一郎 編	オランダ語基礎1500語	新書判	152頁
朝倉純孝 編	オランダ語常用6000語	B小型	328頁
朝倉純孝 著	オランダ語会話ハンドブック	B6判	246頁
ムルタテューリ 渋沢元則 訳注	マックス・ハーフェラール	B6判	272頁
斎藤 信 著	日本におけるオランダ語研究の歴史	B6判	246頁
桜井 隆 編	アフリカーンス語基礎1500語	新書判	120頁
兒玉仁士 著	フリジア語辞典	A5判	1136頁
児玉仁士 著	フリジア語文法	A5判	306頁
岩崎英二郎 著	ドイツ語不変化詞の用例	B6判	352頁
小島公一郎 著	ドイツ語史	A5判	312頁
塩谷 饒 著	ドイツ語の諸相	A5判	214頁
渡辺格司 著	低ドイツ語入門	A5判	202頁
小柳篤二 著	新しい独文解釈法	B6判	416頁
浜崎長寿 著	ゲルマン語の話	B6判	240頁
下宮忠雄 著	ゲルマン語読本	B6判	168頁
島岡 茂 著	英独比較文法	B6判	264頁
島岡 茂 著	仏独比較文法	B6判	328頁

―目録進呈―